SAVOIR RÉDIGER

Jakuta ALIKAVAZOVIC
Béatrice GROSS
Nelly LABÈRE
Cécile VAN DEN AVENNE

Collection Efficacité professionnelle
Studyrama

	Références
Annoncer une décision difficile	1061
Apprendre à gérer son temps	1020
Bien conduire une réunion	1045
Découvrez et testez votre intelligence	1022
Devenir coach	1043
Ecrire mieux et plus vite	1038
Faire soi-même son bilan de compétences	1018
L'analyse transactionnelle dans l'entreprise	1072
La programmation neurolinguistique	1089
Le guide de la lecture rapide et efficace	299
Le marketing au quotidien	1044
Profession : créateur d'événements	3020
Réussir son bilan de compétences	229
S'entraîner aux tests psychotechniques	1069
Savoir gérer son stress	1059
Savoir gérer un conflit	1034
Savoir parler en public	1016
Savoir rédiger	1019
Stimulez votre mémoire	301

SOMMAIRE

PARTIE I

Maîtriser la langue   *13*

1. Questions d'orthographe   *15*

▶ Le genre et le nombre   *15*
  Masculin ou féminin ?   *15*
  Singulier ou pluriel ?   *17*
  Le pluriel des mots composés   *17*
  Le pluriel des mots d'origine étrangère   *19*
  Le pluriel des noms propres   *20*
▶ Les finales muettes   *20*
▶ Les lettres étymologiques et les consonnes doubles   *21*
▶ Les accents   *21*
  L'accent aigu et l'accent grave sur le « e »   *21*
  L'accent grave pour distinguer les homonymes   *22*
  L'accent circonflexe   *22*
  Le tréma   *23*
▶ Orthographe d'usage   *24*
  Comment orthographier le son [eur] ?   *24*
  Comment orthographier le son [euil] ?   *24*
  Comment orthographier le son [oir] ?   *24*
  Comment orthographier le son [lle] ?   *24*
  Comment orthographier le son [je] ?   *24*
  Ne pas confondre les sons [é] et [è]   *24*
  Les noms féminins : avec ou sans « e » ?   *24*
  Avec ou sans cédille ?   *25*
  « H » muet ou « h » aspiré ?   *25*
  Les familles trompeuses   *25*

2. Questions de grammaire   *27*

▶ Les pièges syntaxiques   *27*
  Les différentes fonctions dans la phrase   *27*
  Les différents types de propositions   *28*
  Les tournures impersonnelles   *30*
  Style direct et style indirect   *32*

▶ Les verbes 32
 Comment conjuguer les verbes du 1er groupe ? 32
 Comment conjuguer les verbes du 2e groupe ? 35
 Comment conjuguer les verbes du 3e groupe ? 35
 Comment conjuger le verbe pronominal ? 44
 Comment conjuguer les temps composés de l'indicatif ? 44
 Dans quels cas faut-il employer le conditionnel ? 46
 Dans quels cas faut-il employer le subjonctif ? 47
 Indicatif ou subjonctif ? 48
 Mode du verbe : cas particuliers 48
 Savoir reconnaître un infinitif complément 49
 Des verbes à construction multiple 50
 La concordance des temps avec une subordonnée à l'indicatif 52
 La concordance des temps avec une subordonnée au subjonctif 53
 Comment accorde-t-on le participe dans les formes pronominales ? 54
 L'accord du participe passé : cas particuliers 54
 L'accord du verbe dans les relatives 55
 Les problèmes d'accord dans les formules figées 55
 Comment accorder le verbe avec plusieurs sujets ? 56
▶ Les adjectifs 57
 Comment accorder l'adjectif après plusieurs substantifs ? 57
 Substantif au pluriel, adjectifs au singulier 57
 Comment accorder les adjectifs de couleur ? 58
 Comment accorder l'adjectif avec « on » ? 58
 Comment accorder l'adjectif après « avoir l'air » ? 58
 Quelle est l'influence de la place de l'adjectif sur son accord ? 59
 « Leur » : pronom ou adjectif ? 59
 Participe présent ou adjectif ? 59
 Faut-il accorder les adjectifs employés comme adverbes ? 60
▶ Les adverbes 61
 Comment se forment les adverbes en « -ment » ? 61
 Variable ou invariable ? 62
 « Même » ou « mêmes » ? 62
 « Possible » ou « possibles » ? 63
 « Tout » : adjectif, pronom ou adverbe ? 63
▶ Les prépositions 64
 La préposition « à » 64
 La préposition « en » 66
 Les erreurs courantes dans l'emploi des prépositions 66

3. Questions de langage — 67

▶ Trois grands niveaux de langage — 68
Le langage familier — 68
Le langage courant — 69
Le langage soutenu — 70
▶ Un langage aux ressources infinies — 70
▶ Les homonymes — 71
▶ Les paronymes — 74
▶ Les barbarismes — 78
▶ Les pléonasmes — 79

PARTIE II

Maîtriser l'argumentation — 83

1. Les procédés logiques de l'argumentation — 85

▶ Le syllogisme — 85
▶ La preuve — 87
▶ L'argument d'autorité — 87
▶ Le raisonnement par analogie — 87
▶ Le raisonnement par l'absurde — 88

2. Les outils linguistiques de l'argumentation — 89

▶ Les outils de connexion — 89
Marquer la cause — 89
Marquer la conséquence, le but — 91
Marquer la concession — 92
Marquer une opposition ou restriction — 94
Ponctuer les moments d'un raisonnement : « or » — 96
Apporter une preuve : « en effet » — 97
Apporter d'autres arguments — 97
L'emploi de « ainsi » — 98
L'utilisation des connecteurs : observation d'un exemple — 99
▶ Quantificateurs, appréciatifs et argumentation — 99
Peu/un peu — 100
A peine — 100
Presque — 101
Même — 101
▶ Nominalisation et argumentation — 101
▶ Interrogation et argumentation — 102
▶ Application : contrôle d'orientation argumentative — 105

PARTIE III

Maîtriser le style   107

1. Du bon usage de la ponctuation   109
▸ Les signes de ponctuation forts   109
▸ Les autres signes de ponctuation   110

2. Jouer avec les mots   113
▸ L'utilisation du lexique   113
▸ Pourquoi remplacer un mot par un autre ?   115
  Pour avoir accès à un langage plus soutenu   116
  Pour respecter les conventions lexicales   117
  Pour éviter l'approximation   118
  Pour alléger la syntaxe   120
  Pour être plus expressif   120
▸ La substitution : un réflexe à adopter   122
  Remplacer un mot du langage vulgaire ou courant par un mot soutenu   122
  Reformuler sans répéter   123
  Alléger les propositions relatives   126
  Des participes présents qui doivent parfois être absents   127
  Jongler avec les adverbes   128
  Jouer avec les locutions conjonctives et les prépositions   129
  Une causalité qui n'est jamais une fatalité   131
  Refuser le flou sémantique de « être », « il y a », « avoir » et « ceci, cela »   133
  Ciseler les adjectifs   134
  Convertir les catégories grammaticales   136
  Conclusions pratiques   137

3. Jouer avec la phrase   139
▸ Changer l'ordre canonique de la phrase   139
  L'inversion   139
  L'antéposition   140
  L'antéposition elliptique   140
  La postposition   140
  L'insertion   141
  L'extraction   142
  La dislocation   142
  L'extraction-dislocation   142
  La dénégation assertive   142
  Le retardement   143
  La subordonnée émancipée   143
▸ Utiliser les modalités de phrase   144
  La modalité interrogative   144

La modalité jussive 146
La modalité exclamative 147
▶ Utiliser les tours 149
Le passif : créer un changement de perspective 149
Le présentatif : mettre en valeur 149
La forme impersonnelle : mettre en relief 152

4. Jouer sur la composition 153

▶ Jouer sur la composition des groupes nominaux 153
Multiplier les adjectifs épithètes 153
Recourir au complément du nom 154
Utiliser les propositions relatives 154
Employer des épithètes détachées 154
User de groupes nominaux désignant une attitude 154
Jouer avec les appositions 154
Reprendre le nom sous forme de relance 154
Insérer une parenthèse 155
▶ Jouer sur l'alternance 155
Joindre des groupes ayant une même fonction syntaxique
mais en faisant varier leur nature 155
Alterner la longueur des groupes de mots 156
Introduire des compléments différents 157
▶ Jouer sur la structure des phrases complexes 159
Phrases à éléments parallèles 159
Phrases à guillotine 160
Effet de traîne 161
Phrases à ramification 161
Phrases à paliers 162
Phrases à accumulation 162
Phrases en éventail 163

5. Jouer sur le rythme 165

▶ Alterner style coupé et style ample 166
Le style coupé 166
Le style ample 168
▶ Alterner mouvements binaires et mouvements ternaires 169
Mouvements binaires 169
Mouvements ternaires 170
▶ Adopter des phrases variables pour un mouvement dynamique 172
Produire des ruptures de linéarité 172
La répétition 172
▶ Jouer sur le volume des phrases 173

PARTIE IV

Tests et exercices corrigés

Tests et exercices corrigés · 175

1. Questionnaires   177
▶ Questionnaire grammatical   177
▶ Questionnaire syntaxique   179
▶ Questionnaire lexical   181
▶ Questionnaire sur la langue usuelle   184

2. Exercices   185
▶ Le bon usage   186
  La ponctuation   186
  L'accentuation   187
  L'orthographe   189
  Le vocabulaire   193
▶ Jeux de mots   195
  Trouver   195
  Substituer   196
▶ Page blanche : à vous de rédiger...   202
  Réécrire   202
  Composer   208

3. Correction des questionnaires   213
▶ Réponses au questionnaire grammatical   213
▶ Réponses au questionnaire syntaxique   214
▶ Réponses au questionnaire lexical   215
▶ Réponses au questionnaire sur la langue usuelle   217

4. Correction des exercices   219

PARTIE I

MAÎTRISER
LA LANGUE

1. Questions d'orthographe

Même si l'orthographe est dite « science des ânes », il n'en reste pas moins qu'avoir une mauvaise orthographe est toujours pénalisant.

L'orthographe du français est particulièrement complexe parce qu'elle n'est pas totalement univoque d'un point de vue phonétique : un son n'est pas transcrit par une seule graphie, une seule graphie ne transcrit pas un seul son. Par exemple, le son [f] peut être aussi bien transcrit par la graphie *f* que par la graphie *ph*. La graphie *t* peut aussi bien noter le son [t] dans *nous rations*, que le son [s] dans *une ration*.

L'orthographe du français qui se présente (et ce malgré les réformes) comme une sorte de superposition de différentes couches de langues fossilisées (les fameuses orthographes étymologiques) demande un long usage et une longue familiarité pour être entièrement maîtrisée. Cependant, ne désespérons pas !

L'orthographe française est si complexe qu'il est impossible de réduire sa maîtrise à quelques « trucs » qu'il suffirait d'apprendre. La meilleure façon de se l'approprier de façon naturelle est d'entretenir une relation quotidienne avec l'écrit. Lire tous les jours, différents types d'écrits (littérature, journaux, manuels), écrire également un peu chaque jour, avec le dictionnaire à portée de main pour vérifier tout doute que vous pourriez avoir. Cette familiarité quotidienne avec l'écrit vous servira également pour maîtriser peu à peu les codes de l'expression écrite.

Au fil de vos lectures et de vos travaux d'écriture, faites-vous des fiches personnelles consignant « vos fautes bien à vous », celles que vous faites régulièrement, les mots qu'il vous arrive de confondre... Avec un mémento de ce type, vous éliminerez progressivement les erreurs qui se glissent dans vos écrits.

Le genre et le nombre

Masculin ou féminin ?

Le genre de certains mots est parfois l'objet d'hésitations. Rappelons les cas de confusion les plus courants.

● **Sont masculins :** *abîme, agrume, alvéole, antidote, aphte, armistice, aromate, astérisque, astragale, astronef, colchique, exergue, hémisphère, lucane, méandre, pétale, poulpe...*

• **Sont féminins :** *acné, anagramme, apostrophe, azalée, disparate, écritoire, enzyme, épigramme, épitaphe, épithète, icône, interview, mappemonde, météorite, oasis, orbite, oriflamme...*

Attention, il existe des noms dont la signification change en fonction de leur genre : le sens du mot n'est pas le même si celui-ci est au masculin ou au féminin.
En voici quelques exemples dans le tableau suivant :

Nom	Masculin	Féminin
Aide	Celui qui aide	Assistance
Cartouche	Ornement sculpté ou dessiné	Charge d'arme à feu
Crêpe	Type d'étoffe	Fine galette
Faune	Dieu champêtre	Ensemble des animaux d'une région
Interligne	Espace blanc entre deux lignes	Instrument du typographe
Manœuvre	Type d'ouvrier	Action de manœuvrer
Merci	Remerciement	Bon vouloir (« être à la merci de... »)
Office	Cérémonie religieuse	Pièce où se prépare le service de la table
Pendule	Poids suspendu	Horloge
Poêle	Instrument de chauffage	Ustensile de cuisine
Statuaire	Sculpteur de statues	Art de celui qui fait des statues
Trompette	Trompettiste	Instrument de musique

Singulier ou pluriel ?

Le sens de certains mots change suivant qu'ils sont au singulier ou au pluriel.
En voici quelques exemples dans le tableau ci-dessous :

Nom	Singulier	Pluriel
Aboi	Cri du chien	« être aux abois » = être dans une situation désespérée
Effet	Résultat, conséquence	Affaires, biens mobiliers d'une personne
Fer	Métal	Ce qui sert à enchaîner
Gage	Dépôt garant d'une promesse, d'un emprunt	Appointements d'un domestique
Lunette	Instrument d'optique qui augmente le diamètre apparent des objets	Paire de verres correcteurs ou protecteurs
Menotte	Petite main	Chaînes aux mains des prisonniers
Usage	Emploi ; coutume	(jur.) Règles habituellement suivies
Vacance	Etat d'une charge, d'un poste vacant	Congés

Le pluriel des mots composés

L'accord d'un substantif composé s'effectue en fonction de la nature de ses éléments constitutifs. On distingue à ce propos un ensemble de règles.

● Lorsqu'il y a **soudure orthographique** entre les éléments constitutifs du mot composé, le pluriel est formé de la même façon que pour les noms simples.
Ex. : *des gendarmes, des passeports*

Retenons cependant les quelques exceptions à cette règle :
Madame/Mesdames
Mademoiselle/Mesdemoiselles

Monsieur/Messieurs
Monseigneur/Messeigneurs
un bonhomme/des bonshommes
un gentilhomme/des gentilshommes
On retiendra que, dans ces deux derniers cas, le **s** intérieur se prononce [z].

• Dans les cas où les deux noms sont séparés : lorsque l'un des deux noms fonctionne en **apposition** à l'autre, ils se mettent tous les deux au pluriel.
Exemples :

des sourds-muets	*des lauriers-roses*
des bornes-fontaines	*des loups-garous*
des chefs-lieux	*des martins-pêcheurs*
des chiens-loups	*des sapeurs-pompiers*
des choux-fleurs	*des tissus-éponges*

• Lorsque l'un des deux substantifs est le **complément** de l'autre, il ne prend pas la marque du pluriel.
Exemples :
des appuis-main (= des appuis pour la main)
des timbres-poste (= des timbres pour la poste)
des gardes-pêche (= des gardes pour la pêche)

• Le substantif complément reste également invariable s'il est **uni par une préposition** au nom qu'il complète.
Exemples :

des pots-de-vin	*des chefs-d'œuvre*
des ciels de lit	*des vers à soie*
des culs-de-jatte	*des arcs-en-ciel*
des crocs-en-jambe	*des fers à cheval*

des œils-de-bœuf (on remarquera ici la forme irrégulière du pluriel)

Les **exceptions** suivantes sont à retenir : *des pied-à-terre, des tête-à-tête, des coq-à-l'âne.*

• Lorsque le nom composé est formé d'un substantif et d'un **adjectif qui le qualifie**, ils se mettent tous les deux au pluriel.
Exemples :

des longues-vues	*des cerfs-volants*
des bas-fonds	*des basses-cours*
des bas-reliefs	*des coffres-forts*
des beaux-pères	*des plates-bandes*

- Lorsque les deux termes du nom composé ont valeur d'adjectifs, ils s'accordent tous deux.
Ex. : *des* (filles) *sourdes-muettes*

- Lorsque le nom composé est constitué d'un verbe et d'un substantif : le verbe reste invariable tandis que le substantif porte ou non la marque du pluriel, selon le sens du nom composé.
Exemples :
des casse-noisettes (instrument pour casser des noisettes)
des chasse-neige (instrument pour chasser la neige)

Ainsi, on écrit : *des abat-jour, des brise-glace, des coupe-gorge, des crève-cœur, des porte-monnaie.* Mais : *des porte-avions, des couvre-pieds, des garde-fous.*

- Lorsque le nom composé est formé d'un **verbe et d'un élément invariable**, il ne prend pas la marque du pluriel
Ex. : *des passe-partout, des ouï-dire, des on-dit*

- Lorsque le nom composé est formé d'un **substantif et d'un invariable**, le substantif prend la marque du pluriel.
Exemples :
des avant-gardes   *des avant-postes*
des arrière-neveux   *des sous-préfets*

- Les autres noms composés ne marquent pas le pluriel : *des laissez-passer.*
Il en va de même pour les composés qui comportent un **nom complément circonstanciel de verbe**.
Ex. : *des boit-sans-soif, des crève-la-faim*
Mais : *des va-nu-pieds* (dans la mesure où le singulier donne « un va-nu-pieds » puisque l'on va en toujours sur deux pieds).

Le pluriel des mots d'origine étrangère

- Les noms empruntés aux langues étrangères réclament leur pluriel d'origine lorsqu'ils sont d'introduction relativement récente ou peu courants.
Ex. : *des clubmen, des lieder*

- Les mots dont l'usage est désormais fréquent portent la marque du pluriel français.
Ex. : *des agendas, des matchs, des sanatoriums, des sandwichs, des sherpas, des spaghettis, des villas* (mais un contexte d'étude historique exige le pluriel latin *villae*).

- Cependant, certains noms admettent deux pluriels :

Exemples :

un scénario/des scénarios **ou** *des scénarii*

un maximum/des maximums **ou** *des maxima*

- Il convient également de noter que certains substantifs empruntés au grec ou au latin restent invariables.

Ex. : *des credo, des veto, des in-folio*

Le pluriel des noms propres

- Les noms propres **ne prennent pas la marque du pluriel** quand :

1) Ils désignent une famille qui n'est pas illustre.

Ex. : *les Cluzel, les Manteau*

2) Ils désignent un ensemble d'individus qui portent le même patronyme sans être apparentés.

Ex. : *Six Galopin habitent dans ce quartier.*

3) Ils désignent des œuvres d'art ou des ouvrages par le nom de leur auteur.

Ex. : *Elle tient moins à ses Hemingway qu'à ses Picasso.*

- Les noms propres **prennent la marque du pluriel** quand :

1) Ils désignent des familles illustres, des dynasties royales ou princières.

Ex. : *les Bourbons, les Plantagenêts, les Bonapartes* (ou : *les Bonaparte*)

Cela ne vaut toutefois pas pour les personnages contemporains. On écrira donc : *les Mitterrand.*

2) Ils désignent une espèce ayant pour type le personnage nommé.

Ex. : *Il est criminel de ne pas encourager de pareils petits Mozarts.*

3) Ils désignent des œuvres d'art qui représentent l'individu nommé.

Ex. : *La peinture religieuse m'indiffère ; les Madones ont bien moins ma sympathie que les Apollons.*

Les finales muettes

De nombreuses consonnes finales en français sont dites muettes : elles ne sont pas prononcées à l'oral. Mais on ne peut les oublier à l'écrit. Très généralement, elles ont pour fonction d'assurer la cohésion au sein d'une famille de mots, c'est-à-dire qu'elles vont apparaître prononcées dans d'autres mots de la même famille.

Ex. : *canard, canarder* (tirer sur quelqu'un comme dans la chasse aux canards) ; *cafard, cafarder ; parlement, parlementer ; teint, teinter*, etc.

A chaque fois donc que vous hésitez sur une finale, pensez à un mot de la même famille.

Il en va de même pour les finales de participe passé : mettez-les au féminin pour savoir s'il comporte ou non une lettre muette : *écrit/écrite* ; *compris/comprise* mais *fini/finie*...

Les lettres étymologiques et les consonnes doubles

● Le *h* latin (*adhérence, inhalation*), de même que les *rh, th, ph, ch* et *y* grecs (*chronomètre, psychologie, schizophrène...*) sont des héritages de l'histoire et de la place accordée à la tradition écrite en France. Pas d'autre solution que de les apprendre en attendant une bonne réforme de l'orthographe qui nous en débarrasse... Faites attention à ne pas en rajouter : par exemple **éthymologie* mis pour *étymologie* ! Faites-vous vos fiches personnelles et n'hésitez pas à vérifier dans le dictionnaire.

● Même chose pour les consonnes doubles. Certaines ont une véritable fonction, celle de distinguer des homonymes : *cane* et *canne* ; *sale* et *salle*, *vile* et *ville*... Ce ne sont généralement pas celles qui posent problème. Ce sont les autres, celles qui ne sont ni prononcées ni utiles pour la distinction d'homonymes, celles dont on apprend des listes en classe primaire (mais qui bien souvent ont résisté à l'apprentissage...) : deux *p* dans *apparaître*, un seul dans *apercevoir*...

Les accents

L'accent aigu et l'accent grave sur le « e »

● Placé sur le *e*, l'accent aigu (*é*) ou l'accent grave (*è*) change le son transcrit : *é* transcrit le son [e], *è* transcrit le son [ɛ]. Il n'est pas rare de constater une grande confusion dans l'emploi de ces accents (de nombreux écrits laissent voir une absence totale d'emploi des accents, tout est écrit *e*, au lecteur de démêler). Un peu d'attention et de relecture permettent d'éviter les confusions.

Dans *blé* ou *allée*, la prononciation n'est pas la même que dans *père* ou *sème*. Faites attention également à la différence entre *des prés* et *près de*...

● De manière générale, on trouve *è* lorsque la syllabe qui suit est formée d'une consonne et d'un e muet, et *é* dans le cas contraire.
Ex. : *enlèvement, discrètement, il sèmera*
Mais : *témoin, léser, téléphone*

Attention aux mots de la même famille, dont le e prononcé [ɛ] ne comporte plus d'accent : *enlever, semer, discret* (ici, c'est la présence du t qui permet le son [e]).

Remarque : le dernier rapport du Conseil supérieur de la langue française sur les rectifications de l'orthographe (1990) autorise que le mot *événement* soit orthographié *évènement*, selon une graphie en accord avec la prononciation contemporaine. Les deux graphies sont consignées dans les dictionnaires. Sachez cependant que vous pouvez tomber sur un correcteur « vieille école » qui ait fait de cette perle rare son cheval de bataille...
Il en est de même dans les mots suivants : *abrègement, affèterie, allègement, allègrement, assèchement, cèleri, complètement, crèmerie, empiètement, hébètement, règlementaire, règlementairement, règlementation, règlementer, sècheresse...*

L'accent grave pour distinguer des homonymes

L'un des buts de l'accent grave (quand il n'est pas sur un e) est de permettre de différencier des homonymes.
Distinguez bien la préposition *à* de *a* la forme du verbe avoir ; *là*, adverbe, et *la*, article ou pronom personnel ; *çà*, adverbe (dans *çà et là*) de *ça*, pronom démonstratif.
Distinguez bien *où*, marquant le lieu, de *ou*, conjonction de coordination

Attention : les expressions latines *a priori, a posteriori, a minima* ne comportent pas d'accent sur le *a*.

L'accent circonflexe

● L'accent circonflexe constitue une des difficultés de l'orthographe de la langue française parce qu'il est une trace historique d'un ancien état de langue (trace d'un ancien s, comme dans *forêt*, s que l'on retrouve dans *forestier* ; ou bien trace d'une ancienne voyelle en hiatus, comme dans *sûr*, qui s'écrivait anciennement *seur*).
Il sert essentiellement de nos jours à distinguer des mots qui seraient homographes (s'écrivant de la même manière).
Exemples :
dû, participe passé de *devoir* et *du*, article
mûr, adjectif et *mur*, nom
sûr = « certain » et *sur* = « aigre » ou *sur*, préposition
tâche = « travail » et *tache* = « souillure »

● Prenez garde à distinguer *crû*, participe passé du verbe *croître* et *cru*, participe passé du verbe *croire* ; les pronoms possessifs *le vôtre, la nôtre* et les déterminants possessifs *notre, votre* (c'est *notre* ami/il est des *nôtres*).

Récapitulatif : l'accent circonflexe

Terminaison de conjugaison	Distinction d'homonymes
Passé simple *nous aimâmes, nous suivîmes, nous voulûmes* *vous aimâtes, vous suivîtes, vous voulûtes*	**Sur la lettre *u*** **mûr/mur** : *un fruit mûr sur un mur* **dû/du** : *donne moi du pain, c'est mon dû* **jeûne/jeune** : *il est trop jeune pour faire un jeûne* **sûr/sur** : *sur cet arbre, les fruits sont sur, j'en suis sûr*
Imparfait du subjonctif *qu'il aimât, qu'il suivît, qu'il voulût*	**Sur la lettre *a*** **tâche/tache** : *sa tâche est d'effacer les taches* **mâtin/matin** : *ce matin, j'ai vu un gros mâtin (chien)*
Plus-que-parfait du subjonctif *qu'il eût aimé, qu'il eût suivi, qu'il eût voulu*	**Sur la lettre *o*** **côte/cote** : *sa côte de porc a la cote* **nôtre/notre** : *notre frère n'est pas le vôtre* **vôtre/votre** : *votre frère n'est pas le nôtre*

Le tréma

Il se place toujours sur la **deuxième voyelle** qui se trouve ainsi détachée de la voyelle précédente.
Ex. : *aïeul, naïf, stoïque, aiguë, exiguë, contiguë, capharnaüm...*

Remarque : le rapport du Conseil supérieur de la langue française sur les rectifications de l'orthographe préconise que dans les cas de *aigüe, exigüe, contigüe...* le tréma se place sur le *u* qui est prononcé, et non sur le *e*, qui ne l'est pas.

Orthographe d'usage

Comment orthographier le son [eur] ?

Tous les noms se terminant par le son [eur] s'écrivent *eur*, sauf : le *beurre*, la *demeure*, l'*heure*, le *heurt*.
Ex. : *la vigueur, la frayeur, la sueur...*

Comment orthographier le son [euil] ?

Les noms masculins se terminant par le son [euil] finissent par –*l*, sauf ceux qui contiennent « –*feuille* ».
Ex. : *le chevreuil*
Mais : *le chèvrefeuille, le millefeuille...*

Comment orthographier le son [oir] ?

Les noms masculins se terminant par le son [oir] s'écrivent –*oir*, sauf : *auditoire, territoire, réfectoire, observatoire* et *ivoire*.

Comment orthographier le son [lle] ?

Le son [lle] est transcrit soit par –*ll*, soit par –*y*.
Ex. : *un haillon, un maillet, une crémaillère*
Mais : *une rayure, un moyeu, soyeux*

Comment orthographier le son [je] ?

Quand le *g* doit garder le son [je] il est suivi d'un **e** devant le **a** et le **o**.
Ex. : *mangeoire, nageoire, esturgeon, bougeoir, démangeaison...*

Ne pas confondre les sons [é] et [è]

Les noms masculins dont la syllabe finale est –*et* se prononcent toujours [**è**].
Ex. : *poulet, baudet, alphabet, piquet, lacet, hochet, furet, poignet...*

Les noms féminins : avec ou sans « e » ?

● Les noms féminins en –*té* et en –*tié* s'écrivent **é**.
Sauf les noms qui expriment un contenu : *une assiettée...*
Ainsi que les cinq noms suivants : *la dictée, la jetée, la montée, la pâtée, la portée.*

• Les noms féminins terminés par le son [é] et qui ne se terminent pas en –té ou –tié s'écrivent **ée**, sauf : *psyché, clé, acné.*

• Les noms féminins se terminant par le son [i] s'écrivent généralement **–ie**, sauf : *souris, perdrix, fourmi, brebis, nuit.*

• Les noms féminins se terminant par le son [u] s'écrivent **–ue**, sauf : *bru, tribu, vertu glu.*

Avec ou sans cédille ?

Les mots suivants comportent un **c cédille** : *poinçon, pinçon, gerçure, rinçage, limaçon...*

« H » muet ou « h » aspiré ?

• Exemples de quelques mots commençant par un **h aspiré** : *la hanche, le haricot, la herse, le houblon, le houx...*
Celui-ci, dans des mots au pluriel, doit être prononcé avec soin.
Ex. : *le hibou/les hiboux*

• Exemples de mots commençant par un **h muet** : *l'histoire, l'horizon, l'hélice, l'habit...*

• Le *h* muet peut apparaître en fin de mot, comme dans : *fellah, mammouth, varech...*

• Le *h* muet peut être intercalé ; en ceci résident bon nombre de difficultés orthographiques.
Ex. : *abhorrer, ahaner, appréhender, inhérent, exhiber, exhorter, menhir, rhétorique, absinthe, anthracite, sympathie, apothéose, athlète, labyrinthe, léthargie, luthier, Panthéon, dahlia, exhaler, rhubarbe, enthousiasme, philanthrope, posthume, thuya...*

• Le *h* muet équivaut parfois, dans la prononciation, à un tréma.
Ex. : *envahisseur, cohue, bahut...*
Il peut également valoir pour un *u* : *ghetto, narghilé...*

Les familles trompeuses

Attention, certains mots qui nous paraissent proches ou appartenir à la même famille ne s'écrivent pas nécessairement de la même manière.

Exemples :

absous	*absoute*
accoler	*coller*
affolement	*follement*
alléger	*alourdir*
annulation	*nullité*
attraper	*chausse-trappe*
bonasse	*débonnaire*
bonhomme	*bonhomie*
cahute	*hutte*
cantonnier	*cantonal*
charrette	*chariot*
concourir	*concurrence*
déshonneur	*déshonorant*
homme	*homicide*
imbécile	*imbécillité*
immiscer	*immixtion*
patronner	*patronal*
pestilence	*pestilentiel*
rationnel	*rationalité*
souffler	*boursoufler*
vermisseau	*vermicelle*

2. Questions de grammaire

Les pièges syntaxiques

Les différentes fonctions dans la phrase

Fonction	Exemple
Sujet	*La pluie tombe.*
Sujet réel	*Il tombe de la neige.*
Attribut du sujet	*La pluie est un liquide.*
Attribut du complément d'objet	*J'estime Proust un excellent romancier.*
Complément d'objet	*Je lis Proust.*
Complément d'agent	*Proust a été lu par beaucoup.*
Complément d'attribution	*J'ai donné une pomme à Pierre.*
Complément de lieu	*Je reste à la maison.*
Complément de temps	*Je partirai à l'heure.*
Complément de manière	*Ils creusent avec zèle.*
Complément de moyen	*Ils creusent avec une pelle.*
Complément d'accompagnement	*Ils creusent avec des amis.*
Complément de comparaison	*Il soufflait comme un cheval.*
Complément de cause	*Il meurt de faim.*
Complément du nom	*J'aime la chaleur du feu.*
Complément de l'adjectif	*Cette société est riche en actions et obligations.*
Complément de l'adverbe	*Il y n'a pas assez de soleil et trop de pluie.*
Apostrophe	*Jeunes gens, soyez discrets.*
Apposition	*Je n'aime pas les chats, animaux sournois.*

Les différents types de propositions

Les propositions apposées

• L'apposition est une tournure qui permet de mettre en valeur un terme et de donner plus de concision à une phrase en faisant l'économie de certains termes.
Ex. : *Son chat,* **un chartreux***, ronronnait sur la banquette. Elle,* **énervée***, le poussa brutalement.*
Le nom *chartreux* et le participe adjectif *énervée* sont des appositions ; on dira qu'ils sont apposés au nom *chat* et au pronom *elle*. Ils ont une valeur explicative et fonctionnent par l'élision du verbe *être*.
Ex. : *Son chat, [qui était] un chartreux...*

• L'apposition peut également être placée avant le nom ; dans ce cas, elle exprime la cause ou la condition.
Ex. : *Etudiant, il était taciturne.*
Equivaut à : *Quand il était étudiant...*

Les propositions juxtaposées

• Il y a juxtaposition lorsque deux termes sont placés l'un après l'autre sans qu'aucun lien de coordination ou subordination soit exprimé.
Exemples :
Il prend du café, du thé, des croissants, des oranges. (sous-entendu « et »)
Il arrive, s'assoit, déballe ses affaires, se met au travail. (sous-entendu « ensuite », « puis »)
Il est très fatigué : il a passé une nuit blanche. (sous-entendu « car »)

• On voit que des relations de coordination ou de subordination ont tendance à s'établir entre propositions juxtaposées : c'est donc un tort de penser que la juxtaposition ne recouvre pas des liens relationnels plus complexes. Les principales relations sont celles de **succession** ou d'**opposition.**
Exemples :
Voilà que l'enfant se hâte, il saisit son sac, il sort en claquant la porte, dévale l'escalier. (succession).
Ils auraient beau lui promettre des mille et des cents, il ne céderait pas. (opposition).

Les propositions coordonnées

• Des propositions sont dites coordonnées quand elles sont reliées entre elles par une conjonction de coordination (*mais, ou, et, donc, or, ni, car*) ou un adverbe de coordination (*puis, ensuite, en effet, cependant...*).

● La coutume est de coordonner des termes de même nature grammaticale : un nom avec un nom, une proposition avec une proposition, etc.
Exemples :
Ils sont comme frère et sœur. (noms)
Je regarde, mais je ne vois pas. (propositions)
Je demande le calme et la tranquillité. (plutôt que « *Je demande le calme et qu'on me laisse tranquille* »)

Cette règle de base permet toutefois des exceptions. Ainsi, une proposition relative et un adjectif épithète qui jouent un rôle similaire auprès d'un nom peuvent être coordonnés.
Ex. : *Voilà une situation gênante et qui peut s'avérer problématique.*

● Les conjonctions de coordination ont des valeurs différentes :
Addition, association : ***et***
Opposition : ***mais, or***
Conséquence : ***donc***
Cause : ***car***

Les propositions subordonnées

● Une proposition est dite subordonnée quand elle dépend grammaticalement d'une principale. Elle peut être reliée par :
1) Une conjonction ou une locution conjonctive de subordination : *que, lorsque, pour que, de peur que, puisque, comme, quand, si...*
2) Un mot relatif ou interrogatif : *qui, où, quel, dont...*
3) Une construction infinitive : *J'entends pleurer l'enfant.*
4) Une construction participiale : *Sa mère rentrée, il s'endormit.*

● Les fonctions des subordonnées sont très nombreuses : elles peuvent être compléments circonstanciels, mais aussi sujet, attribut ou complément d'objet. Ces fonctions posent souvent des difficultés alors qu'il s'agit de questions syntaxiques de base ; on s'entraînera donc à les identifier pour mieux en faire usage dans le cours des dissertations.
Exemples :
Qu'elle ait accepté *est troublant.* (sujet)
Mon vœu est ***que tu sois satisfait****.* (attribut)
Je sais ***qu'il est honnête****.* (complément d'objet)

Les propositions relatives

On se bornera à rappeler qu'une proposition relative est introduite par un pronom relatif et qu'elle joue, pour le nom qui est son antécédent, un rôle comparable à celui d'un adjectif.
La principale difficulté est la distinction entre relatives déterminatives et relatives explicatives.

● La relative déterminative : elle restreint le sens de l'antécédent ; la supprimer revient à modifier totalement le sens de la phrase.
Ex : *Les élèves qui ont chahuté sont restés en retenue.* (ceux-là et seulement eux)

● La relative explicative : elle ajoute une précision qui n'est pas indispensable et peut être supprimée plus facilement, sans danger majeur pour le sens.
Ex : *Les élèves, qui ont chahuté, sont restés en retenue.* (tous les élèves ont chahuté et sont retenus)

On sera donc particulièrement attentif aux virgules et à la ponctuation en général, puisque c'est elle qui permet de distinguer ces deux types de relatives.

Les tournures impersonnelles

Dans quels cas utilise-t-on un verbe impersonnel ?

● Certains verbes sont dits impersonnels. Ils s'emploient uniquement à l'infinitif ou à la troisième personne du singulier, avec le pronom *il*, qui dans cet usage ne représente ni un individu ni un objet. C'est le cas pour la plupart des verbes qui servent à décrire le temps, le climat...
Exemples :

Il pleut	*Il grêle*
Il vente	*Il fait chaud*
Il neige	*Il fait froid*

● Un grand nombre de verbes intransitifs (verbes qui ne peuvent recevoir ni complément d'objet direct ni complément d'objet indirect) peuvent être utilisés dans une structure impersonnelle.
Exemples :
Il existe de nombreuses explications.
Il brille beaucoup d'étoiles dans le ciel.
Il importe/Il est important de bien comprendre ce point.

- On peut également utiliser cette construction avec un verbe passif.

Exemples :

Il a été décidé (par les ministres) de mettre l'accent sur la sécurité.

Il a été entendu un grand cri puis des bruits de lutte.

Sujet apparent ou sujet réel ?

La principale difficulté, dans les tournures impersonnelles, est de distinguer le sujet apparent du sujet réel.

Dans la phrase « *Il existe de nombreuses explications* », « *de nombreuses explications* » est sujet réel : en effet, ce sont elles qui existent.

De même, dans la phrase « *Il importe de bien comprendre ce point* », c'est la proposition infinitive « *bien comprendre ce point* » qui importe.

Comment reconnaître les valeurs de *on* ?

- *On* désigne une ou plusieurs personnes indéterminées. Dans ce cas, il est équivalent de « quelqu'un ».

Exemples :

On marche dans l'escalier. Qui cela peut-il bien être ?

On pouvait distinguer un autre village depuis le sommet du clocher.

- *On* peut remplacer d'autres pronoms personnels.

Exemples :

On est bien grognon, aujourd'hui ! (= tu/vous)

On n'est pas obligée d'assister à ça, quand même. (= je)

- *On* a le sens de « nous ». La substitution de *nous* par *on* est très fréquente à l'oral, dans une langue familière. Il faut toutefois prendre garde aux règles d'accord.

Le verbe se conjugue à la troisième personne du singulier, mais les adjectifs qui qualifient *on* s'accordent en genre et en nombre.

Exemples :

Nous, on est disposées à aller au bois de Vincennes faire du vélo.

On n'aime pas trop qu'on nous déconcentre.

Dans les cas où un verbe pronominal est utilisé avec un *on* à valeur de « nous », la particule pronominale reste à la troisième personne du singulier.

Ex. : *On part **se** promener, c'est pour cela qu'on est **pressés**.*

Style direct et style indirect

● **Style direct** : les phrases entre guillemets représentent les propos tels qu'ils sont tenus. Les verbes de ces phrases sont aux temps réellement employés par les personnages auxquels ils sont prêtés.
Ex. : *Mathieu s'exclama : « J'en ai assez de cette musique de fillette ! »*

● **Style indirect** : l'énonciateur prend les propos du discours direct à sa charge. Les guillemets disparaissent et la première personne disparaît au profit de la troisième ; de plus, les temps du verbe peuvent changer.
Ex. : *Mathieu s'exclama qu'il en avait assez de cette musique de fillette.*

A noter : la difficulté du style indirect concerne la transposition des interjections.
Exemple :
Il lui dit : « Bravo ! tu as réussi ! » (style direct)
Il lui a dit, en la félicitant, qu'elle avait réussi. (style indirect)

● **Style indirect libre** : les personnes et les temps des verbes sont ceux du discours indirect, mais les marqueurs du discours rapporté (« *que...* ») sont absents.
Ex. : *Mathieu s'exclama : il en avait assez de cette musique de fillette !*

Les verbes

Comment conjuguer les verbes du 1ᵉʳ groupe ?

La conjugaison des verbes du 1ᵉʳ groupe posant peu de difficultés, on se contentera ici de dresser un tableau des particularités relatives à ce groupe.

Rappel : le radical est ce qui reste du verbe une fois la terminaison retirée.

Verbes en « –ier » et « –éer »	La conjugaison des verbes en « –ier » comme *plier* et en « –éer » comme *créer* est régulière. Il ne faut pas oublier que le radical se termine : - par un *i* dans le premier cas ; ce qui donne, à l'imparfait : *nous pli–ions, vous pli–iez* ; - par un *é* dans le second cas ; ce qui donne, au participe passé : *créé/créée*, et au futur : *je créerai*.
Verbes en « –cer » et « –ger »	Dans les verbes en « –cer » comme *lancer* et en « –ger » comme *ranger*, des modifications orthographiques du radical sont parfois nécessaires, en raison du changement de prononciation de *c* et *g* devant les voyelles *a* et *o* : - la lettre *c* prend donc une cédille devant *a* et *o* : *il lançait, nous lançons* ; - la lettre *g* est suivie d'un *e* devant *a* et *o* : *il mangeait, nous mangeons*.
Verbes en « –oyer », « –uyer » et « –ayer »	Dans les verbes en « –oyer », « –uyer », le *i* se substitue au *y* devant un *e* muet : - noyer : *vous vous noyez*, mais *je me noie*. - essuyer : *nous essuyons*, mais *j'essuie*. Dans les verbes en « –ayer », cette substitution est **possible, sans être obligatoire** : - payer : *il paie/il paye* (on note que la prononciation est différente). A l'imparfait de l'indicatif et au subjectif présent, ces verbes font tous « –yions », « –yiez » : *nous noyions, que vous essuyiez, nous payions*. *Envoyer* emprunte au futur et au conditionnel le radical du verbe *voir* : *j'enverrai* (futur) ; *j'enverrais* (condit.)

Verbes du type *mener* et *jeter*	*Mener, peser...* : ces verbes ont un **e** muet à l'avant-dernière syllabe de l'infinitif . Ce **e** muet devient ouvert (prononcé [è]), quand la syllabe suivante comprend un **e** muet. Ex. : *il mène, il mènera* Mais : *nous menons, vous meniez* Les verbes en « –eler » et « –eter » peuvent noter le **e** ouvert en doublant la consonne **l** ou **t**. Ex. : *je pèle, j'achète* Mais : *j'appelle, je jette* **Verbes notant le e ouvert par è** : *acheter, celer, ciseler, crocheter, démanteler, écarteler, geler, haleter, marteler, modeler, peler, peler,* ainsi que les verbes préfixés : *racheter, déceler.* **Verbes notant le e ouvert en doublant la consonne :** *amonceler, appeler, atteler, cacheter, chanceler, cliqueter, craqueler, déchiqueter, denteler, dételer, ensorceler, épeler, épousseter, étinceler, feuilleter, ficeler, grommeler, jeter, jumeler, morceler, museler, niveler, paqueter, parqueter, renouveler, ressemeler, ruisseler, souffleter, téter, voleter.* A noter : *interpeller* et *flageller* ont toujours deux *l*.
Verbes du type *céder*	Les verbes ayant à l'infinitif un **é** suivi d'une consonne à l'avant-dernière syllabe, tels que *céder, espérer, régner,* **changent ces é en è quand la syllabe contient un e muet, sauf au futur et au conditionnel :** Ex. : *je cède* Mais : *nous cédons, il cédera, il céderait* (le é se prononce [è]).
Aller	Le verbe *aller* compte trois radicaux différents : **all–** : le plus fréquent. **va–** : présent de l'indicatif (*je vais, tu vas*) et impératif présent (*va*). **i–** : futur de l'indicatif (*j'irai*), conditionnel présent (*j'irais*)

Comment conjuguer les verbes du 2ᵉ groupe ?

Ces verbes se conjuguent sur le modèle de *finir*. Il existe toutefois quelques exceptions.

Haïr	Présent de l'indicatif : *je hais, tu hais, il hait* Impératif : *hais* Pour les autres formes, il se conjugue sur *finir* : *nous haïssions*
Fleurir	● Au sens d'« être en fleur », *fleurir* se conjugue de façon régulière, comme le verbe *finir* : *le cerisier fleurissait*. ● Au sens figuré de « prospérer », *fleurir* fait à l'imparfait : *je florissais, tu florissais...*, et a pour participe présent *florissant*.
Bénir	*Bénir* a deux participes passés : ● *béni*, qui est régulier ; ● *bénit*, qui s'emploie comme adjectif dans le contexte religieux (*du pain bénit, de l'eau bénite*).
Maudire	A l'exception de l'infinitif, *maudire*, et du participe passé, *maudit*, ce verbe se conjugue sur le modèle régulier : *je maudissais...*
Bruire	A l'exception de l'infinitif, *bruire*, ce verbe se conjugue sur le modèle régulier : *l'eau bruissait*.

Comment conjuger les verbes du 3ᵉ groupe ?

Voir tableaux pages suivantes.

Infinitif	Indicatif présent	Indicatif futur	Indicatif imparfait	Indicatif Passé simple	Impératif présent	Subjonctif présent	Participes
Acquérir	J'acquiers Nous acquérons	J'acquerrai Nous acquerrons	J'acquérais Nous acquérions	J'acquis Nous acquîmes	Acquiers Acquérons	Que j'acquière Que nous acquérions	Acquérant Acquis
Aller	Je vais, tu vas, ns allons, ils vont	J'irai Nous irons	J'allais Nous allions	J'allai Nous allâmes	Va Allons	Que j'aille Que nous allions	Allant Allé
Assaillir	J'assaille Nous assaillons	J'assaillirai Nous assaillirons	J'assaillais Nous assaillions	J'assaillis Nous assaillîmes	Assaille Assaillons	Que j'assaille Que nous assaillions	Assaillant Assailli
Asseoir	J'assieds Nous asseyons	J'assiérai Nous assiérons	J'asseyais Nous asseyions	J'assis Nous assîmes	Assieds Asseyons	Que j'asseye Que nous asseyions	Asseyant Assis
Boire	Je bois Nous buvons	Je boirais Nous boirons	Je buvais Nous buvions	Je bus Nous bûmes	Bois Buvons	Que je boive Que nous buvions	Buvant Bu
Bouillir	Je bous Nous bouillons	Je bouillirai Nous bouillirons	Je bouillais Nous bouillions	Je bouillis Nous bouillîmes	Bous Bouillons	Que je bouille Que nous bouvions	Bouillant Bouilli
Conclure	Je conclus Nous concluons	Je conclurai Nous conclurons	Je concluais Nous concluions	Je conclus Nous conclûmes	Conclus Concluons	Que je conclue Que nous concluions	Concluant Conclu
Connaître	Je connais Nous connaissons	Je connaîtrai Nous connaîtrons	Je connaissais Nous connaissions	Je connus Nous connûmes	Connais Connaissons	Que je connaisse Que nous connaissions	Connaissant Connu

Infinitif	Indicatif présent	Indicatif futur	Indicatif imparfait	Indicatif Passé simple	Impératif présent	Subjonctif présent	Participes
Conduire	Je conduis Nous conduisons	Je conduirai Nous conduirons	Je conduisais Nous conduisions	Je conduisis Nous conduisîmes	Conduis Conduisons	Que je conduise Que nous conduisions	Conduisant Conduit
Coudre	Je couds Nous cousons	Je coudrai Nous coudrons	Je cousais Nous cousions	Je cousis Nous cousîmes	Couds Cousons	Que je couse Que nous cousions	Cousant Cousu
Courir	Je cours Nous courons	Je courrai Nous courrons	Je courais Nous courions	Je courus Nous courûmes	Cours Courons	Que je coure Que nous courions	Courant Couru
Croire	Je crois Nous croyons	Je croirai Nous croirons	Je croyais Nous croyions	Je crus Nous crûmes	Crois croyons	Que je croie Que nous croyions	Croyant cru
Croître	Je croîs Nous croissons	Je croîtrai Nous croîtrons	Je croissais Nous croissions	Je crûs Nous crûmes	Croîs Croissons	Que je croisse Que nous croissions	Croissant Crû
Cueillir	Je cueille Nous cueillons	Je cueillerai Nous cueillerons	Je cueillais Nous cueillions	Je cueillis Nous cueillîmes	Cueille Cueillons	Que je cueille Que nous cueillions	Cueillant Cueilli
Déchoir	Je déchois Nous déchoyons	Je décherrai Nous décherrons	– –	Je déchus Nous déchûmes	Déchois Déchoyons	Que je déchoie Que nous déchoyions	– Déchu
Devoir	Je dois Nous devons	Je devrai Nous devrons	Je devais Nous devions	Je dus Nous dûmes	Dois Devons	Que je doive Que nous devions	Devant Dû

Infinitif	Indicatif présent	Indicatif futur	Indicatif imparfait	Indicatif Passé simple	Impératif présent	Subjonctif présent	Participes
Dire	Je dis Nous disons	Je dirai Nous dirons	Je disais Nous disions	Je dis Nous dîmes	Dis Disons Dites	Que je dise Que nous disions	Disant Dit
Dormir	Je dors Nous dormons	Je dormirai Nous dormirons	Je dormais Nous dormions	Je dormis Nous dormîmes	Dors Dormons	Que je doive Que nous devions	Dormant Dormi
Écrire	J'écris Nous écrivons	J'écrirai Nous écrirons	J'écrivais Nous écrivions	J'écrivis Nous écrivîmes	Écris Écrivons	Que j'écrive Que nous écrivions	Écrivant Écrit
Envoyer	J'envoie Nous envoyons	J'enverrai Nous enverrons	J'envoyais Nous envoyions	J'envoyai Nous envoyâmes	Envoie envoyons	Que j'envoie Que nous envoyions	Envoyant envoyé
Faillir	– –	Je faillirai Nous faillirons	Je faillissais Nous faillissions	Je faillis Nous faillîmes	– –	– –	– Failli
Faire	Je fais Nous faisons Vous faites	Je ferai Nous ferons	Je faisais Nous faisions	Je fis Nous fîmes	Fais faisons	Que je fasse Que nous fassions	Faisant Fait
Falloir	– Il faut	– Il faudra	Il fallait	– Il fallut	– –	– Qu'il faille	– Fallu
Fuir	Je fuis Nous fuyons	Je fuirai Nous fuirons	Je fuyais Nous fuyions	Je fuis Nous fuîmes	Fuis fuyons	Que je fuie Que nous fuyions	Fuyant Fui

Infinitif	Indicatif présent	Indicatif futur	Indicatif imparfait	Indicatif Passé simple	Impératif présent	Subjonctif présent	Participes
Lire	Je lis Nous lisons	Je lirai Nous lirons	Je lisais Nous lisions	Je lus Nous lûmes	Lis lisons	Que je lise Que nous lisions	Lisant lu
Maudire	Je maudis Nous maudissons	Je maudirai Nous maudirons	Je maudissais Nous maudissions	Je maudis Nous maudîmes	Maudis maudissons	Que je maudisse Que nous maudissions	Maudissant maudit
Mentir	Je mens Nous mentons	Je mentirai Nous mentirons	Je mentais Nous mentions	Je mentis Nous mentîmes	Mens mentons	Que je mente Que nous mentions	Mentant menti
Mettre	Je mets Nous mettons	Je mettrai Nous mettrons	Je mettais Nous mettions	Je mis Nous mîmes	Mets mettons	Que je mette Que nous mettions	Mettant mis
Moudre	Je mouds Nous moulons	Je moudrai Nous moudrons	Je moulais Nous moulions	Je moulus Nous moulûmes	Mouds moulons	Que je moule Que nous moulions	Moulant moulu
Mourir	Je meurs Nous mourons	Je mourrai Nous mourrons	Je mourais Nous mourions	Je mourus Nous mourûmes	Meurs mourons	Que je meure Que nous mourions	Mourant mort
Mouvoir	Je meus Nous mouvons	Je mouvrai Nous meuvrons	Je mouvais Nous mouvions	Je mus Nous mûmes	Meus mouvons	Que je meuve Que nous meuvions	Mouvant mû
Naître	Je nais Nous naissons	Je naîtrai Nous naîtrons	Je naissais Nous naissions	Je naquis Nous naquîmes	Nais naissons	Que je naisse Que nous naissions	Naissant né

Infinitif	Indicatif présent	Indicatif futur	Indicatif imparfait	Indicatif Passé simple	Impératif présent	Subjonctif présent	Participes
Nuire	Je nuis Nous nuisons	Je nuirai Nous nuirons	Je nuisais Nous nuisions	Je nuisis Nous nuisîmes	Nuis nuisons	Que je nuise Que nous nuisions	Nuisant nui
Offrir	J'offre Nous offrons	J'offrirai Nous offrirons	J'offrais Nous offrions	J'offris Nous offrîmes	Offre offrons	Que j'offre Que nous offrions	Offrant offert
Paraître	Je parais Nous paraissons	Je paraîtrai Nous paraîtrons	Je paraissais Nous paraissions	Je parus Nous parûmes	Parais paraissons	Que je paraisse Que nous paraissions	Paraissant paru
Partir	Je pars Nous partons	Je partirai Nous partirons	Je partais Nous partions	Je partis Nous partîmes	Pars partons	Que je parte Que nous partions	Partant parti
Peindre	Je peins Nous peignons	Je peindrai Nous peindrons	Je peignais Nous peignions	Je peignis Nous peignîmes	Peins peignons	Que je peigne Que nous peignions	Peignant peint
Plaire	Je plais Nous plaisons	Je plairai Nous plairons	Je plaisais Nous plaisions	Je plus Nous plûmes	Plais plaisons	Que je plaise Que nous plaisions	Plaisant plu
Pleuvoir	Il pleut –	Il pleuvra –	Il pleuvait –	Il plut –	– –	Qu'il pleuve –	Pleuvant plu
Pouvoir	Je peux Nous pouvons	Je pourrai Nous pourrons	Je pouvais Nous pouvions	Je pus Nous pûmes	– –	Que je puisse Que nous puissions	Pouvant pu

Infinitif	Indicatif présent	Indicatif futur	Indicatif imparfait	Indicatif Passé simple	Impératif présent	Subjonctif présent	Participes
Prendre	Je prends Nous prenons	Je prendrai Nous prendrons	Je prenais Nous prenions	Je pris Nous prîmes	Prends prenons	Que je prenne Que nous prenions	Prenant pris
Résoudre	Je résous Nous résolvons	Je résoudrai Nous résoudrons	Je résolvais Nous résolvions	Je résolus Nous résolûmes	Résous résolvons	Que je résolve Que nous résolvions	Résolvant résolu
Rire	Je ris Nous rions	Je rirai Nous rirons	Je riais Nous riions	Je ris Nous rîmes	Ris rions	Que je rie Que nous riions	Riant Ri
Savoir	Je sais Nous savons	Je saurai Nous saurons	Je savais Nous savions	Je sus Nous sûmes	Sache sachons	Que je sache Que nous sachions	Sachant su
Seoir	Il sied Ils siéent	Il siéra Ils siéront	Il seyait Ils seyaient	– –	Sieds-toi Seyons-nous	– –	Séant Seyant (convenir) sis
Servir	Je sers Nous servons	Je servirai Nous servirons	Je servais Nous servions	Je servis Nous servîmes	Sers servons	Que je serve Que nous servions	Servant servi
Sortir	Je sors Nous sortons	Je sortirai Nous sortirons	Je sortais Nous sortions	Je sortis Nous sortîmes	Sors sortons	Que je sorte Que nous sortions	Sortant sorti

Infinitif	Indicatif présent	Indicatif futur	Indicatif imparfait	Indicatif Passé simple	Impératif présent	Subjonctif présent	Participes
Suffire	Je suffis Nous suffisons	Je suffirai Nous suffirons	Je suffisais Nous suffisions	Je suffis Nous suffîmes	Suffis suffisons	Que je suffise Que nous suffisions	Suffisant suffi
Suivre	Je suis Nous suivons	Je suivrai Nous suivrons	Je suivais Nous suivions	Je suivis Nous suivîmes	Suis suivons	Que je suive Que nous suivions	Suivant suivi
Taire	Je tais Nous taisons	Je tairai Nous tairons	Je taisais Nous taisions	Je tus Nous tûmes	Tais taisons	Que je taise Que nous taisions	Taisant tu
Tenir	Je tiens Nous tenons	Je tiendrai Nous tiendrons	Je tenais Nous tenions	Je tins Nous tînmes	Tiens tenons	Que je tienne Que nous tenions	Tenant tenu
Traire	Je trais Nous trayons	Je trairai Nous trairons	Je trayais Nous trayions	– –	Trais trayons	Que je traie Que nous trayions	Trayant trait
Vaincre	Je vaincs Nous vainquons	Je vaincrai Nous vaincrons	Je vainquais Nous vainquions	Je vainquis Nous vainquîmes	Vaincs vainquons	Que je vainque Que nous vainquions	Vainquant vaincu
Valoir	Je vaux Nous valons	Je vaudrai Nous vaudrons	Je valais Nous valions	Je valus Nous valûmes	Vaux valons	Que je vaille Que nous valions	Valant valu
Vivre	Je vis Nous vivons	Je vivrai Nous vivrons	Je vivais Nous vivions	Je vécus Nous vécûmes	Vis vivons	Que je vive Que nous vivions	Vivant vécu

Infinitif	Indicatif présent	Indicatif futur	Indicatif imparfait	Indicatif Passé simple	Impératif présent	Subjonctif présent	Participes
Voir	Je vois Nous voyons	Je verrai Nous verrons	Je vivais Nous vivions	Je vis Nous vîmes	Vois voyons	Que je voie Que nous voyions	Voyant vu
Vouloir	Je veux Nous voulons	Je voudrai Nous voudrons	Je voulais Nous voulions	Je voulus Nous voulûmes	Veux / veuille Voulons Veuillez	Que je veuille Que nous voulions	Voulant voulu

Comment conjuguer le verbe pronominal ?

L'usage et l'analyse de la forme pronominale supposent de distinguer les **quatre nuances** de ces verbes. On retiendra que dans tous les cas, le verbe pronominal suppose l'auxiliaire *être* au cas où il est conjugué à un temps composé.

● **Sens réfléchi**
Le pronom personnel complément reprend le sujet ; ils représentent la même personne.
Ex. : *Je me douche.*

● **Réciprocité**
On peut s'assurer de cet usage en ajoutant « l'un l'autre » ou « les uns les autres ». La réciprocité supposant plusieurs acteurs, le verbe est toujours au pluriel.
Ex. : *Nous nous embrassons.*

● **Voix pronominale**
Certains verbes n'existent qu'à la voix pronominale. Dans ce cas, la présence du pronom n'ajoute rien au sens du verbe, qui est l'équivalent d'un simple verbe actif.
Ex. : *Il se renseigne sur la ville.* (= il prend des informations)

● **Valeur passive**
Les verbes pronominaux peuvent avoir la valeur d'un verbe passif.
Exemples :
Les figues se mangent plutôt mûres que vertes. (= les figues sont mangées **ou** on mange les figues).
Le bourdon de la cathédrale s'entend de loin. (= le bourdon est entendu de loin)

A noter : pour l'accord du participe, voir p. 54

Comment conjuguer les temps composés de l'indicatif ?

● **Le passé antérieur**
Le passé antérieur est un temps composé de l'indicatif ; il marque **l'aspect accompli** d'une action.
Il est formé d'un auxiliaire au passé simple et d'un participe passé ; le plus souvent, il est employé dans des propositions subordonnées de temps, où il exprime l'antériorité de l'action par rapport à celle de la proposition principale.
Exemples :
Dès qu'il eut avoué, il le regretta.
A peine eurent-elles accepté qu'il les maudit de leur faiblesse.

● Le passé surcomposé (double auxiliaire)

Ce temps est composé d'un double auxiliaire suivi d'un participe passé. On y trouve :

1) Des formes qui appartiennent à la conjugaison passive.
Ex. : *J'ai été appelée.*
2) Des formes qui appartiennent à la conjugaison active.
Exemples :
Quand j'ai eu déjeuné, je suis sortie.
Quand nous avons eu fini de manger, nous sommes sortis.

Ce double auxiliaire, souvent déroutant, n'est autre que la forme composée de l'auxiliaire que réclame la construction du verbe. Au passif, on emploie l'auxiliaire *être*, qui sera mis à la forme composée.
Exemples :
elle est   elle a été
elle est appelée   elle a été appelée
Il en va de même avec l'auxiliaire *avoir*.
Exemples :
j'ai   j'ai eu
j'ai mangé   j'ai eu mangé

On rencontre le plus souvent ce temps dans les subordonnées de temps, où il contribue à marquer l'aspect accompli de l'action qu'il désigne et qui est antérieure de peu à celle de la principale.
Ex. : *C'est quand j'ai eu fini que je suis partie.*
Equivaut à : *Après avoir fini, je suis partie.*

On notera que « *j'ai eu chanté* » représente l'équivalent de « *j'ai eu fini de chanter* » : c'est bien l'aspect accompli qui prime dans l'usage du passé surcomposé. Pour alléger la phrase et éviter un quasi pléonasme, il est conseillé de faire l'économie du verbe *finir* qui marque lui aussi l'accomplissement.

● Le futur antérieur

Ce temps possède trois valeurs distinctes :
1) Employé comme **temps unique**, il exprime qu'une action sera accomplie dans l'avenir, à un moment donné : d'où sa valeur, qui est souvent décrite comme « de prédiction ».
Ex. : *Dans quinze ans, il sera devenu adulte.*
2) Employé en relation **avec un autre temps**, il exprime qu'une action s'est achevée avant une autre. Le futur simple s'emploie dans la proposition principale, le futur antérieur dans la subordonnée.
Ex. : *Quand j'aurai fini, je me réjouirai.*

Cet emploi donne lieu à de fréquentes confusions avec le conditionnel : il faut donc ouvrir l'œil.

3) Dans un **contexte passé**, il marque la probabilité.

Ex. : *Quelqu'un aura oublié de fermer la porte.*

Equivaut à : *Quelqu'un a sans doute oublié de fermer la porte.*

Cet emploi du futur antérieur est favorisé dans les cas où l'on cherche à reconstituer les causes d'un fait, d'une action.

Dans quels cas faut-il employer le conditionnel ?

• Dans une phrase où la proposition principale est au passé, le conditionnel fonctionne comme l'expression du « futur dans le passé ».

Exemples :

Il dit qu'il partira. (présent)

Il a dit qu'il partirait. (passé)

• En dehors de cet usage, le conditionnel sert à exprimer :

1) Un fait soumis à condition.

Ex. : *Je le ferais si je le pouvais.*

Il faut surtout se garder de confondre conditionnel et futur (où l'action n'est pas présentée comme irréelle, mais comme « réelle dans le futur »).

Ex. : *Je le ferai quand je le pourrai.*

2) Un fait douteux, incertain.

Ex. : *Selon nos sources, l'avion serait en avance.*

3) Le conditionnel est également de rigueur dans l'expression polie de la volonté du locuteur ou dans une requête.

Exemples :

Pourriez-vous baisser la musique ?

Je souhaiterais partir, si vous n'y voyez pas d'inconvénient.

En réalité, ici, on « déréalise » la volonté ou la demande pour ne pas paraître s'imposer auprès de son interlocuteur.

• Le conditionnel est donc le temps de l'irréel. Il se place **dans la principale** dont dépend une subordonnée de condition.

Ex. : *Je le **ferais** si j'en étais capable.*

Cette règle connaît toutefois deux exceptions :

1) Dans une subordonnée introduite par *au cas où*.

Exemples :

*Au cas où il **appellerait**, faites-le moi savoir immédiatement.*

*Au cas où je **serais** en retard, je vous laisserai un message.*

2) Dans une subordonnée dite « **inverse** ».

Ex. : *Elle me supplierait que je ne l'**aiderais** pas.*
Equivaut à : *Même si elle me suppliait, je ne l'aiderais pas.* (phrase de départ)
Bien que « *je ne l'aiderais pas* » soit dans le premier cas introduit par *que*, c'est en réalité la proposition principale, comme on le révèle en rétablissant la phrase de départ.
De même : *Elle raterait ce rendez-vous que c'en serait fini de sa carrière.*
Equivaut à : *Si elle ratait ce rendez-vous, c'en serait fini de sa carrière.* (phrase de départ)

Dans quels cas faut-il employer le subjonctif ?

● Nous avons vu que l'indicatif exprime un fait qui est présenté comme certain, que son accomplissement ait lieu dans le passé, le présent ou le futur.
Par contraste, le subjonctif exprime ce qui est envisagé, souhaité, mais dont l'accomplissement reste sujet à caution. On en a une illustration classique après les verbes exprimant le désir.
Ex. : *Je souhaite que Grégoire **vienne**.*

● L'emploi du subjonctif est **obligatoire** :
1) Dans les subordonnées dont le verbe marque l'obligation, le désir, la crainte, le regret, la possibilité ou l'impossibilité.
Exemples :
Il faut que Grégoire vienne.
Je regrette qu'il n'écrive pas.
Il se peut qu'il pleuve.
Il est impossible que tu t'en souviennes.
2) Dans des subordonnées de but.
Exemples :
Il faut l'encourager afin qu'elle aille loin.
Pour qu'elle aille loin, elle doit travailler.
3) Dans des subordonnées de concession.
Exemples :
Bien qu'elle soit malade, elle doit se lever.
Elle est coupable, encore qu'elle ait des circonstances atténuantes.
4) Dans les subordonnées sujet commençant par *que, qui, quoi.*
Ex. : *Qui que tu sois, quoi que tu fasses.*
5) Dans les subordonnées circonstancielles de temps exprimant l'antériorité.
Ex. : *Elle est partie avant qu'il ne soit levé.*

- **L'imparfait et le plus-que-parfait du subjonctif**

Ces temps appartiennent à l'usage soutenu. Ils s'utilisent surtout à la troisième personne du singulier.

Ex : *Il fallait que vous **apportassiez** votre contribution aujourd'hui.*

On dira plus facilement : *Il fallait que vous **apportiez**...*

L'emploi de ces deux temps se limite surtout aujourd'hui aux verbes *avoir* et *être*.

Exemples :

*Je craignais que vous ne **fussiez** malade.* (imparfait)

*Je craignais que vous n'**eussiez été** malade.* (plus-que-parfait)

Indicatif ou subjonctif ?

- Dans certains cas, on a le choix entre une subordonnée à l'indicatif et une subordonnée au subjonctif.

Exemples :

*Je cherche un jardin qui **a** une piscine*

*Je cherche un jardin qui **ait** une piscine.*

*Elle n'a pas l'impression que c'**est** utile.*

*Elle n'a pas l'impression que ce **soit** utile.*

Les deux modes sont possibles ; toutefois, l'opposition de départ entre l'indicatif (expression d'une certitude) et le subjonctif (expression du souhait) est toujours présente à l'état de nuance.

- Lorsque l'énonciateur choisit d'employer le subjonctif dans une proposition, il est fréquent qu'il ne tienne pas à prendre à son compte le contenu ou qu'il souligne son incertitude à ce propos.

Comparons : *Il se peut qu'il **dise** vrai.* (subjonctif)

Et : *Il est évident qu'il **dit** vrai.* (indicatif)

Cependant, l'usage du subjonctif ou de l'indicatif est soumis à des règles strictes dans la grande majorité des cas.

Mode du verbe : cas particuliers

- **Rappels**

On utilise **l'indicatif** quand on se situe dans **le champ du probable et du certain**. Il est donc le mode de rigueur après des verbes d'affirmation tels que *croire, dire, entendre, voir...*, et après des locutions verbales d'affirmation (« *il est clair que* »).

Exemples :
Je crois qu'il a réussi.
Il est clair qu'il a perdu la raison.
On utilise **le subjonctif** après des verbes qui marquent une **hésitation du jugement, une incertitude.** C'est donc le cas après les verbes de doute (*douter, nier*), les verbes de souhait ou de volonté (*désirer, craindre, ordonner...*).
Exemples :
Je doute qu'il réussisse.
Je crains qu'ils n'aient raison.

● **Cas particuliers**
Le verbe *espérer* marque le souhait ; cependant, il se construit avec **l'indicatif.**
Exemples :
J'espère qu'il ira mieux.
J'espère que nous sommes à l'heure.
Dans une phrase qui comporte une **double négation**, les verbes de **doute** se construisent avec **l'indicatif.** En effet, cette tournure de style est en réalité une affirmation renforcée.
Ex. : *Je ne doute pas que tu vas réussir.*
Il s'agit en effet ici d'une affirmation : cette phrase signifie « *Je sais que tu vas réussir* ». Cet énoncé appartient de plein droit au champ de la certitude, donc du mode indicatif.
Exemples :
Je doute qu'il soit guéri. (subjonctif)/*Je ne doute pas qu'il est guéri.* (indicatif : je suis sûr qu'il est guérit)
Je doute qu'il ait guéri son patient/Je ne doute pas qu'il a négligé son patient.

Savoir reconnaître un infinitif complément

● Des différents usages de l'infinitif, c'est celui qui prête le plus à confusion car il entraîne une construction qui est souvent confondue avec une construction participiale. On distinguera donc les phrases qui incluent un **participe passé** et celles comprenant un **infinitif complément.**
Ex. : *J'espère manger.* (≠ avoir mangé)

● En réalité, la confusion n'est possible qu'avec les **verbes du 1er groupe**, dont l'infinitif et le participe passé sont homonymes. En cas de doute, il est conseillé de remplacer mentalement le verbe qui pose problème par un verbe du deuxième ou du troisième groupe : *finir*, par exemple. En effet, entre *finir* et *fini*, on choisira spontanément la bonne réponse : « *je souhaite finir* » et « *avoir fini* ». Il suffira ensuite de transposer la forme correcte au verbe du premier groupe sur lequel on butte.

• L'infinitif complément se construit **sans préposition** après des verbes ou des locutions verbales visant à exprimer **l'opinion, la volonté, le mouvement**, tels que : *accourir, affirmer, aimer, aller, avouer, compter, confesser, descendre, détester, devoir, dire, espérer, estimer, falloir, faillir, nier, oser, pouvoir, préférer, se rappeler, reconnaître, revenir, savoir, supposer, venir, vouloir...*

Des verbes à construction multiple

Certains verbes peuvent changer de sens selon leur construction. D'où des erreurs à la fois syntaxiques et sémantiques qui peuvent nuire à une bonne rédaction.

Erreurs relevées dans des copies d'étudiants

« *Lors des émeutes en Côte d'Ivoire, le président **abusa de la situation** en ne réglant pas le conflit et en profitant de la tension pour s'assurer la main mise sur l'armée.* »

« *C'est par une réunion extraordinaire que le Conseil espérait **pallier aux** difficul- tés dans lesquelles se débattait le pays, en débloquant une aide spéciale.* »

« *Dans cet extrait des Mémoires d'Hadrien de Marguerite Yourcenar, Hadrien **se rappelle du** temps où il était un jeune combattant impulsif et fougueux.* »

« *La réunion **débuta par** le rappel des points qui avaient été mis à l'ordre du jour.* »

Corrections proposées

- [...] ***abusa** le peuple...*
- [...] ***pallier** les difficultés...*
- [...] ***se rappelle le** temps...*
- *La réunion **commença par** le rappel...*

Un bref rappel

Abuser
+ COD = « tromper ». Ex. : *Il a abusé ses clients.*
+ COI = « user avec exagération ». Ex. : *Tu abuses de l'alcool. Tu vas être malade.*

Pallier
Il est transitif direct, c'est-à-dire qu'il n'est pas suivi, comme on le croit généralement, de la préposition *à*.
Ex. : *Il va falloir pallier les insuffisances du budget de la santé.*

Préférer
Le verbe est suivi de deux compléments dont le 2e est introduit par *à* et non par *que*.
Ex. : *Je préfère Pierre à Paul*, et non **Je préfère Pierre que Paul.*

Se rappeler
Il est suivi d'un COD et n'est donc pas accompagné d'une préposition.
Ex. : *Je me rappelle ses gentillesses.*

Se souvenir
Il est suivi d'un COI régi par la préposition *de*.
Ex. : *Je me souviens de ses gentillesses.*

Débuter
C'est un verbe qui est intransitif. Ainsi, **On débutera l'émission par...* est incorrect, bien que très fréquemment employé.
Pensez à substituer *débuter* par *commencer*, plus simple d'emploi.
Ex. : *Nous commencerons l'émission par...*
L'emploi correct du verbe *débuter* se fait donc de façon intransitive, sans préposition ; on dira alors : *Les travaux débuteront mardi.*

La concordance des temps avec une subordonnée à l'indicatif

L'action de la principale et de la subordonnée sont **simultanées**	*J'apprends qu'il **part**.* (maintenant) *J'apprendrai qu'il **part**.* (à ce moment-là de l'avenir) *J'appris/ai appris/avais appris qu'il **partait**.* (à ce moment-là du passé)
L'action de la principale est **postérieure** à celle de la subordonnée	*J'apprends qu'il **est parti/partait**.* (hier) *J'apprendrai qu'il **est parti/partait**.* (auparavant) *J'appris/ai appris/avais appris qu'il **était parti**.* (auparavant)
L'action de la principale est **antérieure** à celle de la subordonnée	*J'apprends qu'il **partira**/qu'il **sera parti**.* (demain) *J'apprendrai qu'il **partira/sera parti**.* (plus tard) *J'appris/ai appris/avais appris qu'il **partirait**/qu'il **serait parti**.* (plus tard)
L'action de la subordonnée exprime une **vérité générale**	*J'apprends que le soleil **est** une étoile.* *J'apprendrai que le soleil **est** une étoile.* *J'appris/ai appris que le soleil **est/était** une étoile.*

La concordance des temps avec une subordonnée au subjonctif

L'action de la principale et de la subordonnée sont **simultanées**	*Je désire qu'il parte.* (maintenant) *Je désirerai qu'il parte.* (à ce moment-là de l'avenir) *Je désirais/ai désiré/avais désiré qu'il parte/qu'il partît.* (à ce moment-là du passé) *Je désirai qu'il partît.* (à ce moment-là du passé) *Quand j'eus souhaité qu'il partît.* (à ce moment-là du passé)
L'action de la principale est **postérieure** à celle de la subordonnée	*Je désire qu'il soit parti.* (hier) *Je désirerai qu'il parte.* (à ce moment-là de l'avenir) *Je désirais/ai désiré/avais désiré qu'il soit parti/fût parti.* (auparavant) *Je désirai qu'il fût parti.* (auparavant) *Quand j'eus désiré qu'il fût parti.* (auparavant)
L'action de la principale est **antérieure** à celle de la subordonnée	*Je désire qu'il parte.* (demain) *Je désirerai qu'il parte.* (plus tard) *Je désirais/ai désiré/avais désiré qu'il parte/partît.* (plus tard) *Je désirai qu'il partît.* (plus tard). *Quand j'eus désiré qu'il partît.* (plus tard)

Comment accorde-t-on le participe dans les formes pronominales ?

Il existe différents cas de figure :

● **Le verbe existe uniquement à la forme pronominale.**
Ex. : *se repentir, se prévaloir, s'apercevoir...*
Le participe s'accorde alors en genre et en nombre avec le sujet.
Ex. : *Elles se sont aperçues de son désarroi.*

● **Le verbe n'est pas suivi d'un complément et *se* est une particule séparable.**
Le pronom *se* est un complément d'objet direct : le participe s'accorde.
Exemples :
Ils se sont entendus.
Nous nous sommes jetés à l'eau.

Le pronom *se* est complément d'objet indirect : le participe passé demeure invariable.
Ex. : *Les ministères se sont succédé à une vitesse folle.*

● **Le verbe est construit de façon transitive avec un complément d'objet direct qui le suit.**
Le participe passé demeure invariable.
Exemples :
Elles se sont aménagé un intérieur agréable.
Nous nous sommes fabriqué une table.

● **Le verbe est construit de façon transitive avec un complément d'objet direct qui le précède.**
Dans ce cas, le participe s'accorde en genre et en nombre avec l'objet.
Ex. : *J'ai vu la bicyclette qu'elle s'est **offerte**.*

L'accord du participe passé : cas particuliers

● **Le complément d'objet direct est le pronom neutre *le*.**
Le participe passé demeure invariable.
Ex. : *La difficulté était plus importante que je ne l'avais **pensé** au début.*

● **Le complément d'objet direct est le pronom *en*.**
Le participe passé demeure invariable.
Exemples :
*J'aime les pralines, mais je n'en ai pas **mangé** depuis des mois.*
*Ces roses sont magnifiques et j'en ai **cueilli** quelques-unes hier.*

- **Verbes employés comme auxiliaires : accord du participe passé.**
Le participe passé demeure invariable.
Ex. : *Les sommes que j'ai **laissé** dilapider.*

L'accord du verbe dans les relatives

- Le pronom relatif reprend un nom, son antécédent, et sert de lien de subordination.
Ex. : *Le chat qui gratte à la porte est le mien.*
Dans cette phrase, *qui* renvoie à *chat*, son antécédent ; d'autre part, il est sujet de *gratte*. Il relie la proposition relative « *qui gratte à la porte* » et la proposition principale « *le chat est le mien* ».

- Dans les constructions du type « *c'est moi qui...* », on doit se souvenir que le verbe de la proposition relative ne s'accorde pas toujours à la troisième personne du singulier.
Ex. : *C'est moi qui **vais** le faire.*
En raison du changement audible de forme entre *vais* et *va* (« *c'est lui qui va le faire* »), cet exemple ne pose en général pas de difficulté. Pourtant, lorsque certaines formes étant identiques à l'oreille, l'accord est souvent omis.
Ex. : *C'est moi qui le **rends** comme ça ?*

Les problèmes d'accord dans les formules figées

On s'intéresse ici aux participes passés tels que *vu, supposé, excepté, compris, attendu*..., qui sont parfois employés comme prépositions dans des formules dites « figées ». On se doit de distinguer trois cas de figure.

- **Le participe passé est placé devant le nom.**
Dans ce cas, le participe prend la valeur d'une préposition : il est donc considéré comme invariable.
Exemples :
Excepté les faits suivants...
Vu la somme dont il est question...
Vu les histoires qu'il raconte à longueur de temps...

- **Le participe passé est placé derrière le nom.**
Il s'accorde en nombre et en genre avec le nom qu'il qualifie.
Ex. : *Les faits suivants **exceptés**.*

● Le participe passé est placé devant le nom dans le cadre d'une inversion.
Il s'accorde en genre et en nombre avec le nom qu'il qualifie.
Exemples :
Déjà vues dans un chapitre précédent, ces questions ne seront pas abordées dans ces pages. (= ces questions ont déjà été vues dans un chapitre précédent et ne seront pas abordées.)
Sont comprises dans cet ouvrage les principales chronologies ayant trait à l'époque.

Comment accorder le verbe avec plusieurs sujets ?

● Tous les sujets sont au **pluriel** : le verbe est naturellement au **pluriel**.
Ex. : *Les enfants et leurs mères attendent la fin de la journée.*

● Tous les sujets sont au pluriel, mais représentés par **un pronom au singulier** : le verbe est au **singulier**.
Exemples :
*Les enfants, les mères, les institutrices..., **personne** n'est fatigué.*
*Les portes, les fenêtres, même les chaises..., **tout** était cassé.*
*Les portes, les fenêtres, les chaises..., **rien** n'était cassé.*

● Les sujets sont au **singulier**, mais l'idée de pluralité prévaut (**les éléments sont distincts**) : le verbe est au **pluriel**.
Exemples :
L'enfant et sa mère attendent la fin de la journée.
La maturité et la jeunesse ne sont pas incompatibles.

● Les sujets sont au **singulier**, mais ils se rapportent à la **même chose** (ou à la **même personne**) : le verbe est au **singulier**.
Exemples :
Notre mère et souveraine est gravement atteinte.
L'auteur et l'interprète de cette ritournelle est aimé des jeunes.

● Lorsque plusieurs mots constituent un **ensemble** : le verbe est au **singulier**.
Ex. : *Suivre le cours et prendre des notes est souvent épuisant.*
Dans cet exemple c'est l'ensemble « *suivre le cours + prendre des notes* » (que l'on peut gloser par « suivre en prenant des notes ») qui est épuisant.
On opposera ce cas à : *Boire et manger sont des actions vitales.*
Ici, « *boire* » et « *manger* » sont considérés comme des actions séparées : ce n'est pas, en effet, « boire en mangeant » qui est vital.

● Lorsque le sujet est composé de **plusieurs substantifs reliés par** *ni* ou *ou* : l'accord se fait de nos jours de façon quasi indifférente **au singulier ou au pluriel**. Toutefois, si la conjonction oppose ou disjoint les sujets, on préférera l'usage du singulier.

Exemples :

La victoire ou la défaite dépend souvent de peu de choses. (le pluriel est malgré tout possible)

Ni sa mère ni son père n'a/n'ont pu lui faire entendre raison.

Les adjectifs

Comment accorder l'adjectif après plusieurs substantifs ?

● L'adjectif est au pluriel quand il qualifie tous les substantifs.

Ex. : *Caprice et chagrin enfantins passent vite.*

● Il arrive souvent que les substantifs soient de genres différents ; dans ce cas, l'adjectif est accordé au masculin. Pour choquer le moins possible, il convient d'éviter de placer l'adjectif immédiatement à côté d'un nom féminin.

Ex. : *Une robe, une jupe, une chemise et un chandail démodés.*

● On trouve cependant des cas où l'adjectif n'est accordé qu'avec le substantif le plus proche ; cet usage est surtout littéraire (hérité du latin) et il peut susciter des contresens.

Ex. : *Une aisance, une intelligence surprenante !*

Mais : *Son appartement donne sur une piscine et un jardin arboré.*

Dans le premier exemple, *surprenante* peut porter sur *aisance* et sur *intelligence* ; on pourrait écrire « *une aisance, une intelligence surprenantes* » pour lever toute ambiguïté.

Dans la deuxième phrase, cependant, mettre l'adjectif *arboré* au pluriel entraînerait un non-sens. Qui a en effet entendu parler d'une piscine arborée ?

Substantif au pluriel, adjectifs au singulier

● Un nom au pluriel peut être accompagné de plusieurs adjectifs au singulier : ces derniers qualifient un seul élément de l'ensemble qui est désigné par le substantif.

Exemples :

Les enseignements primaire, secondaire et supérieur.

L'école primaire est divisée en classes préparatoire, élémentaire et moyenne.

Les iconographies occidentale et orientale.

Comment accorder les adjectifs de couleur ?

L'accord se fait selon la règle générale, sauf dans les deux cas suivants.

● Lorsqu'on emploie un substantif comme adjectif de couleur. Dans ce cas, le qualificatif reste invariable.
Ex. : *des bottes marron, des gants tabac, des lainages sable, des pardessus perle*

Mauve, rose, violet et *orange* ont cependant été adjectivés et prennent donc la marque du pluriel.
Ex. : *des coussins oranges*
Mais : *des couvre-lits citron*

● Lorsqu'on emploie, pour exprimer la couleur, un adjectif dont le sens est précisé par un autre adjectif ou un substantif, l'adjectif qualificatif reste invariable.
Ex. : *une chevelure blond foncé, une chemisette vert amande, des cerises rouge sombre, des ongles rouge sang*

Comment accorder l'adjectif avec « on » ?

● La difficulté vient des différentes valeurs que peut prendre le pronom. C'est donc le contexte qui fournira la solution. Ainsi, si le pronom fait référence à une femme, l'adjectif prendra la marque du féminin.
Ex. : *On est **énervée**... On s'est faite rouler, ma bonne dame ? Ou alors on a été prise sur le fait, la main dans le sac !*

● De même, si *on* est utilisé comme équivalent de la première personne du pluriel, on trouvera la marque du pluriel :
Ex. : *On est **lucides**, nous.*

A noter : voir également p. 31

Comment accorder l'adjectif après « avoir l'air » ?

On distingue deux sens, qui sont assez proches, il est vrai. La locution *avoir l'air* peut, selon le contexte, signifier « paraître », « sembler » ou être plus proche de son sens initial d'« allure ». Retenez que le premier sens est utilisé lorsque le sujet est **une chose ou un objet** ; le second lorsqu'il s'agit d'une **personne**.

● Dans le premier cas, l'adjectif s'accorde avec le sujet de la locution.
Ex. : *La maison avait l'air inhabitée.*

● Dans le second cas, l'adjectif s'accorde avec le substantif « air » :
Ex. : *Elle avait l'air mauvais.*

Quelle est l'influence de la place de l'adjectif sur son accord ?

● L'adjectif *feu* ne s'accorde que lorsqu'il est placé entre l'article défini et le substantif qu'il qualifie.
Ex. : *la **feue** princesse*
Mais : ***feu** la princesse*

● Lorsqu'ils précèdent un nom commun, les adjectifs *demi* et *nu* restent invariables :
Exemples :
une demi-heure   une demi-journée
nu-pieds   nu-tête

« Leur » : pronom ou adjectif ?

● Si *leur* est adjectif possessif, il s'accorde en genre et en nombre avec le nom qu'il accompagne.
Ex. : *Leurs cartables sont chargés de livres.*

● Si *leur* est pronom, il se situe avant ou après le verbe et reste invariable.
Exemples :
Elles font ce qui leur plaît.
Il leur a donné une leçon.
Portez-leur des fruits.

Participe présent ou adjectif ?

● Certains adjectifs verbaux ont pour homonyme un participe présent. Les confusions sont fréquentes, au risque d'entraîner un contresens. En effet, le participe présent dépeint une action inaccomplie dans sa progression, alors que l'adjectif verbal exprime une qualité, un état durable.
Exemples :
*En **fatiguant** ses collègues, il croyait bien faire, mais il se montrait en réalité un empêcheur de tourner en rond : tout le monde en avait assez de cet individu **fatigant**.*
***Précédant** la marche, les enfants couraient./Le (candidat) **précédent** était tout aussi doué.*

Participe	Adjectif
convainquant	convaincant
extravaguant	extravagant
fatiguant	fatigant
différant	différent
équivalant	équivalent
excellant	excellent
intriguant	intrigant
suffoquant	suffocant
adhérant	adhérent
affluant	affluent
négligeant	négligent
précédant	précédent

Faut-il accorder les adjectifs employés comme adverbes ?

● Quand l'adjectif porte sur un verbe ou sur un autre adjectif, **l'accord ne se fait pas**.
Exemples :
*Ils crient **fort**.*
*Elle chante **faux**.*
*Ils sont tombés **bas**.*
*Elle était **fin** prête.*
*Ce sont des personnes **haut** placées.*

A noter : on retiendra l'expression toute faite « *se faire fort de* », dans laquelle l'adjectif *fort* est toujours invariable.
Ex. : *Elles se faisaient **fort** de ne pas céder.*

• On prendra garde à ne pas confondre les adjectifs à fonction d'adverbe et les adjectifs à fonction d'attribut du sujet.
Ex. : *Ces livrent coûtent **cher**.* (adverbe)
Mais : *Nos enfants nous sont **chers**.* (adjectif)

• On veillera également à ne pas confondre le sens des adjectifs employés comme adverbes et les adverbes eux-mêmes, d'autant que ces doublets fonctionnent en opposition.
Exemples :
parler bas (particularité physique)/*parler bassement* (particularité morale)
parler net (moral)/*parler nettement* (physique).

Les adverbes

Comment se forment les adverbes en « –ment » ?

• Le suffixe *–ment* est dérivé du mot latin *mens, mentis*, qui signifie « disposition », « esprit », « façon » : de là découle la fonction la plus fréquente des adverbes formés sur ce suffixe, qui indiquent la manière.
Afin de dissiper les doutes fréquents qui portent sur l'orthographe de ces adverbes, on se bornera à rappeler qu'ils ont été formés par l'accolade de *–ment* à des adjectifs de forme féminine.
Exemples :
entière + ment = *entièrement*
aveugle + ment = *aveuglément*
finale + ment = *finalement*

Cependant, les adjectifs en *–ai*, *–é*, *–i* et *–u* ont perdu le *e* du féminin, qui était muet.
Ex. : *résolument, obstinément, poliment*
Exception : *gaiement.*
On retiendra l'orthographe de : *vaillamment* (*vaillant*), *violemment* (*violent*).

Notons que les adjectifs se terminant par *–ant* ou *–ent* doublent la consonne *m* quand ils se transforment en adverbes.

• Si la forme adverbiale en *–ment* est souple, tout adjectif ne se prête pas pour autant à la manipulation. Le français n'autorise par exemple que les compléments de manière : « *de façon cabotine* » ou « *de façon geignarde* » à partir de *cabotin* et *geignard*.

● Le sens d'un adverbe en *–ment* est souvent restreint par rapport à celui de l'adjectif à partir duquel il est formé.

Par exemple, *vertement* n'a pas du tout trait à des considérations de couleur ; cet adverbe signifie « avec vivacité, rudesse ».

Ex. : *de vertes remontrances*

Il ne faut pas non plus confondre *incessamment* qui veut dire « dans un court instant, sous peu » et *incessant* qui signifie « sans interruption ».

Variable ou invariable ?

Certains mots variables connaissent des emplois où ils sont de forme invariable. Ce phénomène est dû, en général, à des questions d'ordre des termes et d'accentuation.

● Lorsqu'un mot est régulièrement placé à la tête d'un groupe à valeur accentuelle, il devient fixé dans cet emploi et est donc invariable. Un **adjectif** peut ainsi devenir **préposition**.

Exemples :

cette date passée/passé cette date

excepté ces deux élèves/ces deux élèves exceptés

Il en va de même pour les **participes passés**.

Exemples :

Vu sa fierté, sa réaction ne m'étonne guère.

Passé les heures ouvrables, s'adresser à la loge.

Il emporta tous les meubles, y compris les perruches.

On notera que *étant donné* s'accorde parfois. Ainsi, il est correct d'écrire : « *étant donnée sa fierté...* ».

● Le français parlé crée des locutions prépositives invariables à partir de formes variables.

Exemples :

*Il l'a dit **histoire de** se vanter.*

***Question** vacances, il n'est pas bien enthousiaste.*

« Même » ou « mêmes » ?

Même varie s'il est adjectif mais pas s'il est adverbe. Ces deux fonctions sont aisément reconnaissables.

• *Même* est **adjectif** quand il accompagne un nom ou un pronom : il marque la ressemblance ou l'identité.
Exemples :
Ce sont les mêmes erreurs.
Ces mêmes enfants, sages aujourd'hui, cassaient mes carreaux la nuit dernière.
Lorsqu'il est postposé, *même* a pour fonction d'accentuer l'identité de l'objet dont il est question.
Ex. : *Ces minutes mêmes furent les plus éprouvantes.*

• *Même* est **adverbe** quand il porte sur un adjectif, un autre adverbe, un verbe, une proposition ou un substantif placé après lui : il ne s'accorde jamais dans cet emploi.
Ex. : *Même les croûtons rassis avaient été mangés* (son sens est alors proche de « aussi »).

« Possible »ou « possibles » ?

• *Possible* a une valeur adverbiale et est invariable quand il suit un nom pluriel placé derrière un superlatif.
Ex. : *Il ne pense qu'à réaliser le moins d'efforts **possible**.*

• En revanche, il est variable et donc s'accorde quand il se rapporte à un nom.
Ex. : *Elle a réalisé toutes les solutions **possibles**.*

« Tout » : adjectif, pronom ou adverbe ?

Les emplois de *tout* sont divers et très souvent sujets à confusion. Afin d'éviter les erreurs, il est nécessaire de vérifier ses emplois.

• **Emploi adjectival**
En tant qu'**article**, *tout/toute* ne s'emploie qu'au singulier. Sa valeur est proche de celle de « chaque ».
Ex. : *Tout homme ressemble à un autre homme.*
En tant que **déterminatif complémentaire**, *tout* exprime la totalité.
Exemples :
Toutes les maisons ont un toit.
Toute cette histoire est bien loin d'être terminée.

● **Emploi pronominal**
Exemples :
Tous vont à l'opéra et au musée pour se donner bonne conscience.
Tout est bon dans les fruits (ici, *tout* s'applique à un inanimé qui est envisagé dans sa totalité).

● **Emploi adverbial**
C'est cet emploi qui est le plus sujet à erreur. Dans ce cas de figure, *tout* peut être considéré comme l'équivalent de *tout à fait*, *si* ou *tant*. Il exprime la notion de totalité.
Exemples :
Ces adolescents sont tout narcissiques. (= tout à fait)
Elle était tout yeux, tout oreilles.

● Il est impératif de garder en mémoire que *tout* est **invariable** devant :
1) Un adjectif au masculin pluriel.
2) Un adjectif féminin commençant par une voyelle ou un *h* muet.
Ex. : *La tarte était encore tout entière*
Cependant, pour des raisons d'euphonie, *tout* adverbe prend un *e* quand le mot féminin qui suit commence par une consonne ou un *h* aspiré.
Exemples :
Elle est toute malheureuse.
Elle était toute haletante d'avoir couru.

A noter : on doit retenir la forme de *tout* dans les deux expressions suivantes :
*en **tout** cas/dans **tous** les cas.*

Les prépositions

La préposition « à »

● Son usage premier est de marquer le **terme** après un verbe exprimant le mouvement.
Exemples :
Je vais à Paris.
Je fonce à la maison.

● *A* et *chez*
Il convient de dire « *aller chez le généraliste* », « *aller chez l'opticienne* », « *aller chez l'esthéticienne* ».
On n'utilise *à* ou *au* uniquement devant un substantif de lieu (le plus souvent, le lieu où l'on exerce).

Exemples :
Je vais à la mairie.
Cours au secrétariat !
Elle se rendait au salon de coiffure mais s'est arrêtée chez le libraire pour faire un brin de causette.

● **A** et **pour**
On retiendra que le verbe *partir* se construit avec *pour*, alors que le verbe *aller* se construit avec *à*.
Exemples :
Je vais à la campagne.   *Je pars pour la campagne.*
Je vais à Toulouse.   *Je pars pour Toulouse.*

● **A** et **de**
Pour marquer une relation d'appartenance, de possession, on n'emploie pas la préposition *à* (ni *au*), comme c'est trop souvent le cas dans une langue familière, mais *de* (ou *du*).
On peut, pour garder cette règle en mémoire, rappeler quelques titres qui ne prêtent guère à confusion.
Exemples :
Le Château de ma Mère (Marcel Pagnol)
La Fiancée de Frankenstein (film de J. Whale)
De même : *le chapeau de ma mère, le dentiste de mon frère, le violon du musicien, la blouse du dentiste...*

Il est des cas de figure où les deux constructions sont correctes. Toutefois le sens change radicalement selon que l'on utilise *à* ou *de*.
Exemples :
C'est un livre à lui. (= ce livre lui appartient)
C'est un livre de lui. (= il est l'auteur de ce livre)

De et *à* s'opposent également en ce que la première préposition sert à marquer le **contenu**, alors que la seconde souligne simplement **la possibilité du contenu**, et par extension l'usage le plus fréquent de l'ustensile qualifié.
Exemples :
une tasse de café (= une tasse pleine de café)
une tasse à café (= une tasse, vide ou pleine, dans laquelle il est d'usage de boire du café)
Il en va de même pour : *une cuiller à soupe et une cuiller de soupe*, etc.

La préposition « en »

- *En* et *dans*

On utilise *en* devant un nom qui n'est ni précédé d'un article, ni suivi d'un complément déterminatif ou d'un adjectif.

Ex. : *Je voyage en voiture.*

Mais : *Je voyage dans la voiture de mes parents.*

- Pour ce qui concerne les rapports **de temps et de durée**, ces deux propositions s'opposent.

Exemples :

Elle aura fini dans une semaine (= Dans une semaine, elle aura fini)

Elle aura fini en une semaine (= Il lui faudra une semaine pour finir)

On constate que dans le second exemple, la date à laquelle le travail sera fait reste inconnue ; c'est la durée (supposée) du travail qui est exprimée ici.

Les erreurs courantes dans l'emploi des prépositions

A nouveau : signifie d'une manière différente.

De nouveau : une fois encore et de la même manière.

Quant à : en ce qui concerne. Il faut dire « *quant à moi* », « *quant à faire* », et non « **tant qu'à faire* », « **tant qu'à moi* ».

A l'envi : prenez bien garde à l'orthographe de *envi*.

A travers/au travers de : les deux expressions ont strictement le même sens.

S'asseoir sur/dans : on s'assied sur une chaise, mais dans un fauteuil (c'est-à-dire à l'intérieur du fauteuil).

De : pour tout objet chose possédé, on doit utiliser la préposition *de*.

Ex. : *la bague de ma grand-mère, le livre de mon voisin...*

Vis-à-vis : signifie « en face de », et non pas « à l'égard de » ou « envers ».

3. Questions de langage

L'acte de communication est au fondement de la production écrite et a pour objet de diffuser ou de partager certaines informations. Il est conditionné par plusieurs facteurs que l'on peut représenter par le schéma ci-dessous :

Message ⇒ Emetteur (codage) ⇒ Canal ⇒ Récepteur (décodage) ⇒ Message

Ce schéma, emprunté à C. E. Shannon, ingénieur des téléphones, peut symboliser tout acte de communication et s'appliquer, en particulier, à la technique de la rédaction.

Le message est un signifié, ce qui se définit en sémantique comme le contenu du signe. C'est l'idée, le sens que l'on veut transmettre. Le signifié est solidaire du signifiant qui est le véhicule, le moyen grâce auquel va s'exprimer le signifié. Ainsi, l'émetteur traduit dans son acte de communication le signifié en signifiant ; l'opération inverse est faite par le récepteur qui reçoit le signifiant qu'il transcrit immédiatement en signifié. Cette transmission de l'information se fait par le canal qui est le support physique qui permet le passage de l'information.

Apprendre à rédiger s'inscrit donc bien dans cette chaîne de transmission de l'information : l'émetteur est alors le rédacteur qui cherche à faire passer une information à un lecteur. Par la rédaction, canal de cette transmission, il envoie un message dans le but de communiquer. Comme le contexte dans lequel se situe cet acte de communication est écrit, le style joue un rôle prépondérant dans cet acte de diffusion du sens.

C'est pourquoi le **lexique** occupe une place majeure dans cette diffusion : constitué de l'ensemble des mots d'une langue, il est le signe d'un choix qui oriente la réception du message.

La **grammaire** est le deuxième grand point de cette communication écrite : ensemble de règles, elle détermine la sélection et la combinaison des mots.

Le **style** intervient enfin comme la visée qui conditionne ces choix et comme l'instrument d'une communication soumise à différentes connotations. Ainsi, à propos d'un repas au restaurant se révélant peu satisfaisant, il serait mal venu d'exprimer son désappointement à un interlocuteur que l'on connaît peu par « *J'ai bouffé que dalle au resto* » alors qu'on pourrait lui préférer « *Je n'ai presque rien mangé au restaurant* ». Tant au niveau du vocabulaire (*bouffé/mangé* et l'abréviation *resto* pour *restaurant*) qu'au niveau de la tournure grammaticale (absence ou présence de la négation *ne... rien*), il est évident que le locuteur a opéré des choix dans la façon d'énoncer une même idée. Ces choix sont, bien entendu, conditionnés par l'identité de la personne à laquelle il s'adresse, les conditions de cette communication, la nature du message à faire passer. Ils s'expriment à travers le style et se définissent comme le recours à un certain niveau de langage qu'il convient de connaître afin de le maîtriser.

Trois grands niveaux de langage

Parfois inconscient, souvent difficile à rendre « juste », le niveau de langage témoigne d'une capacité à comprendre les normes imposées par la communication écrite : la rédaction. Il dépend de la nature du message que l'on veut diffuser, des circonstances dans lesquelles il s'exprime, de la façon dont on veut le transmettre, de son destinataire et des rapports que l'on entretient avec lui, ainsi que de l'image que l'on veut donner de soi.

Ces données de la communication qui mettent en jeu à la fois l'émetteur et le récepteur conditionnent bien entendu le message en rappelant que tout fondement de la rédaction est la communication. C'est pourquoi il est essentiel que le registre de langage employé soit adéquat, de surcroît dans une transmission écrite. Et plus encore lors de la rédaction de ce message qui nécessite un certain niveau de langage. Ainsi, depuis le « *je m'en fous* », en passant par le « *je m'en contrefiche* », pour arriver jusqu'au « *cela m'importe peu* », se jouent des niveaux de langage qui opèrent des choix énonciatifs notables.

On appelle niveaux de langage des tonalités diverses, simultanément dues à des faits de lexique et à des choix phonétiques, morphologiques et syntaxiques. On peut ainsi répertorier trois niveaux de langage majeurs, même si à l'intérieur de cette typologie des glissements peuvent apparaître.

Le langage familier

Le langage familier s'emploie de façon générale à l'oral, plutôt avec ses amis ou sa famille, c'est-à-dire dans un cadre familier de proximité. Proche du style « relâché », le langage familier est donc à éviter à l'écrit même si son utilisation quotidienne est largement répandue. Il se caractérise par l'emploi d'un vocabulaire domestique, populaire, vulgaire, trivial ou argotique qui est, de façon générale, limité dans sa diversité.

Ainsi, il pourra substituer, par exemple, le terme de *caisse* ou de *bagnole* à celui de *voiture* sans rendre compte de la diversité lexicologique attachée au mot *voiture*. Laissant de côté les désignations historiques de *berline, break, cab, cabriolet, coche, coupé, fiacre, landau, mail-coach, milord, omnibus, phaéton, tandem, tapecul, tapissière, tilbury, tonneau, victoria, briska, boghei, dog-cart, drag*..., qui ont marqué l'évolution de ce mode de transport et qui paraissent aujourd'hui anachroniques, les termes de *caisse* et de *bagnole* vont caractériser un style oral et familier qui ne rend pas compte de l'identité précise de l'objet désigné. S'agit-il d'une voiture « trois portes », d'un modèle muni d'un moteur turbo, d'une voiture « familiale » ? Autant de précisions pratiques ou historiques qui ne sont pas transmises par les deux substantifs cités ci-dessus.

Si, donc, le vocabulaire caractéristique du langage familier est souvent réducteur et limité, la syntaxe témoigne elle aussi de traits spécifiques. Souvent qualifiée de « relâchée », elle ne respecte pas les règles de grammaire et use et abuse de l'apocope et de la juxtaposition. « *C'est quoi qu'on mange ?* », « *'faut pas croire tout c'qu'on vous raconte* », « *j'sais pas quelle heure qu'il est* » en sont des illustrations. L'écart avec « *que mange-t-on* », « *il ne faut pas croire tout ce que l'on vous raconte* » et « *je ne sais pas quelle heure il est* » montre bien à quel point le langage familier joue sur la rupture syntaxique et sur l'apocope comme signes d'une oralité qui va à l'encontre des codes du français écrit. Le style familier est en deçà du langage courant qui tente de maintenir une ligne médiane entre lui et le langage soutenu.

Le langage courant

A la différence du langage familier, le langage courant s'emploie dans un cadre qui peut être à la fois oral et écrit. Il s'utilise, en général, lors de communications professionnelles, de conversations plus officielles et pour la rédaction. Le récepteur est souvent quelqu'un avec qui l'on a des relations hiérarchiques (enseignant, supérieur...) ou avec qui l'on n'entretient pas de rapports de proximité familière (collègue, personne que l'on vient de rencontrer...).
Le langage courant se définit par l'emploi d'un vocabulaire relativement précis même s'il reste médian : il s'agit d'un vocabulaire qui n'est pas soutenu mais qui rend cependant compte de façon neutre de l'objet qu'il saisit. Il pourra ainsi donner pour synonymes à l'adjectif *modeste* les termes de *humble, effacé, réservé* ou le gloser par une périphrase telle que « *qui a de la pudeur/de la retenue/de la décence* ».
Couvrant donc un champ lexical relativement étendu, le vocabulaire du langage courant présente la capacité à recourir à des synonymes ou à des homonymes qui rendent plus précisément compte de l'objet ou de la notion envisagée sans pour autant être trop recherchés ou trop spécifiques. Si on le définit comme « courant », c'est qu'un interlocuteur moyen peut tout à fait le comprendre et savoir à quoi il renvoie.
Les mêmes remarques peuvent être faites à propos de la syntaxe : le langage courant utilise une syntaxe correcte et respectueuse de la grammaticalité de l'énoncé. Au contraire du langage familier qui jouait sur l'asyndète (absence de conjonctions de coordinations) et l'hypotaxe (absence de conjonctions de subordination), le langage courant privilégie des phrases utilisant des subordinations simples.

Le langage soutenu

Le langage soutenu est le langage recherché à l'écrit ou à l'occasion de discours officiels prononcés en public (allocutions, conférences, meetings politiques...).

Le vocabulaire employé est alors plus diversifié, plus étendu et plus précis que celui utilisé par le langage courant. Il a recours à des figures de style (métaphores, comparaisons, allégories), propose des jeux sur les sons (allitération, assonance, paronomase...) et sur la syntaxe (anaphore, symétrie, chiasme, inversion, énumération, accumulation, gradation, ellipse, anacoluthe, hypallage...). Cette dernière est souvent complexe : elle comporte plusieurs subordonnées ou périphrases et propose parfois des inversions pour donner, par des déplacements insolites de syntagmes, du relief à certains groupes de mots. C'est pourquoi elle utilise également des effets de rythme qui visent à faire varier les types d'énoncés et qui rompent la monotonie du discours écrit.

Enfin, on peut caractériser son expression par l'adjectif « distancié » dans la mesure où le locuteur s'implique le moins possible au niveau des marques de personne.

Le langage soutenu se matérialise donc à la fois par des procédés lexicaux, syntaxiques et rythmiques qu'il convient de connaître afin de le maîtriser pleinement. Il faut veiller à ne pas confondre style soutenu et style jargonnant, précieux ou pédant afin d'éviter de confondre élégance et surcharge. Rappelons que la première fonction du langage, qu'il soit écrit ou oral, reste la communication !

Un langage aux ressources infinies

La langue française dispose d'un grand nombre de mots pour permettre une infinité de variations dans la désignation des êtres, des objets, des sensations, des mouvements et des actions. Aussi est-il primordial de savoir reconnaître les différences langagières qui se jouent entre *une beigne, une baffe, une bouffe, une claque* (langage familier), *une gifle* (langage courant) et *un soufflet* (langage soutenu). Même remarque au sujet de *con, fiérot* (langage familier), *prétentieux, vaniteux* (langage courant) et *fat, infatué, suffisant* (langage soutenu). Vous pourrez, pour ce faire, vous reporter aux exercices d'entraînement proposés dans la dernière partie de l'ouvrage.

Pensez à utiliser les mots que la langue met à votre disposition et à ne pas restreindre votre style à l'emploi de verbes ou de substantifs trop polysémiques. *Parler* dispose ainsi d'un nombre important d'équivalents sémantiques qui peuvent faire varier votre expression en jouant sur le niveau de langue et sur le degré d'expressivité. Vous pouvez ainsi lui préférer : *zézayer, radoter, intercéder, plaider, bavarder, causer, vider son sac, se mettre à table, pourparler, manger le morceau,* déballer, parlementer, articuler, bafouiller, balbutier, bégayer, baratiner, bavarder, tchatcher, brailler, gueuler, bredouiller, caqueter, causer, chuchoter, claironner, criailler, discourir, disserter, gémir, grommeler, hurler, jacasser, jaser, marmonner, murmurer, papoter, pérorer, proclamer, s'exprimer, soupirer, susurrer, tonitruer, tonner, vociférer, bavasser, jacter...

Autre exemple avec le verbe *blesser* qui peut parfois être avantageusement remplacé par : *abîmer, amocher, arranger, contusionner, écharper, écorcher, estropier, meurtrir, mutiler, couper, balafrer, entailler, entamer, érafler, percer, poignarder, affecter, déchirer, choquer, contrarier, déplaire, heurter, irriter, offenser, ulcérer, froisser, piquer, vexer, enfreindre, heurter, attenter à, léser, nuire, préjudicier...*

Les homonymes

Nombreux en français, les homonymes sont des mots qui se prononcent de façon identique mais qui ne sont équivalents ni sémantiquement ni syntaxiquement. Voici une liste d'homonymes courants. A lire avec attention !

Air : fluide gazeux constituant l'atmosphère.
Aire : surface plane ; nid de l'aigle.
Ere : époque.
Hère : homme sans fortune.

Auspices : présage, augure.
Hospice : maison d'accueil.

Ban : publication (de mariage) ou exil forcé.
Banc : long siège.

Bas : vêtement.
Bât : selle.

Cellier : lieu d'entrepôt de tonneaux.
Sellier : celui qui répare les harnais.

Censé : considéré comme, réputé.
Sensé : qui a du bon sens.

Cerf : mammifère
Serf : esclave

Chair : substance molle des corps.
Chère : *faire bonne chère* = bien manger.
Chaire : lieu élevé d'où l'on enseigne ou prêche.
Cher : d'un prix élevé.

Cour (la) : *la cour de Versailles.*
Court (un) : *un court de tennis* = le terrain.
Courre : dans la locution « *la chasse à courre* ».
Cours : *le cours du fleuve.*

Comte : titre de noblesse.
Conte : récit.
Compte : du verbe *compter* (= dénombrer).

Cor : instrument de musique.
Corps : l'organisme.
Cors (les) : d'un cerf par exemple, c'est-à-dire les bois situés au sommet du crâne.
Cor : *un cor au pied.*

Cote : du verbe *coter* (en bourse par exemple).
Côte : pente, os.
Cotte : jupe ; *une cotte de maille.*

Déceler : découvrir.
Desceller : arracher.

Délacer : défaire le lacet.
Délasser : détendre.

Dessein : intention, objectif.
Dessin : représentation à l'aide de moyens graphiques.

Détoner : faire un bruit d'explosion.
Détonner : dépareiller.

Exaucer : satisfaire, réaliser un vœu, une prière.
Exhausser : surélever.

Filtre : corps poreux à travers lequel on fait passer un liquide afin de le purifier.
Philtre : breuvage magique inspirant quelque passion.

Fond : partie la plus basse de quelque chose de creux.
Fonds : bien ou capital.
Fonts : bassin contenant l'eau du baptême (*fonts baptismaux*)

Foi (fém.) : ferveur ; par exemple « *avoir la foi* ».
Foie (masc.) : organe.

Héros : homme qui se distingue par ses exploits.
Héraut : annonciateur, messager.

Houx : arbre.
Houe : instrument de culture.

Laid : moche.
Laie : femelle du sanglier.
Lai (un) : forme poétique du Moyen Age.

Maie : huche, pétrin.
Mets (un) : un plat.

Pair : un nombre pair.
Pairs : égaux, semblables ; par exemple « *s'en remettre à ses pairs* ».

Pêcheur : qui pêche le poisson.
Pécheur : qui commet des péchés.

Pieu : pièce de bois pointue à l'une de ses extrémités.
Pieux : qui est animé par le sentiment de piété.

Plain : uni, plat ; par exemple « *de plain-pied* ».
Plein : rempli.

Plainte : expression de la douleur ou du mécontentement.
Plinthe : saillie plate au bas d'un mur.

Poids : *les poids et les mesures*.
Pois : *les pois de senteurs, les petits pois*.
Poix (la) : matière visqueuse.

Raisonner : réfléchir.
Résonner : retentir avec échos.

Repaire : refuge des bêtes féroces, des brigands.
Repère : marque.

Saut : bond.
Sceau : cachet.
Sot : idiot.
Seau : récipient.

Solde (**fém.**) : rémunération d'un militaire.
Soldes (**pl.**) : vente au rabais d'une marchandise.

Tante : membre de famille.
Tente : toile de camping.

Tan (**le**) : l'écorce du chêne.
Taon (**un**) : insecte.

Tinter : résonner.
Teinter : colorer.

Tribut (**un**) : impôt, offrande.
Tribu (**une**) : groupe d'individus.

Verre : récipient
Vers : assemblage de mots en poésie.
Vair : fourrure *(les souliers de vair de Cendrillon)*.

Voie : chemin.
Voix : sons émis par l'homme.

Les paronymes

S'il importe d'écrire les mots sous leur bonne forme, il importe encore plus de mettre le bon mot à la bonne place. Il s'agit ici de prendre garde aux paronymes, c'est-à-dire aux mots qui ont une forme quasi identique mais qui ne veulent absolument pas dire la même chose.
Les confusions les plus classiques tiennent à des différences d'ordre grammaticale : confusion entre adjectif et participe présent, adjectif et nom, adverbe et nom.

Fatiguant/fatigant

La première forme est un participe présent, elle est invariable *(En se fatiguant un peu, il pourrait arriver à un meilleur résultat).*
La seconde forme est un adjectif *(fatigant/fatigante).*

Différant/différent

La première forme est un participe présent invariable *(Ne différant en rien de son frère, il est tout aussi insupportable).*
La seconde forme est un adjectif *(différent/différente).*

Qu'elle/quel/quelle

Dans le premier cas, le pronom personnel féminin *elle* est précédé d'une forme qui peut être un relatif *(Sais-tu ce qu'elle m'a dit ?)* ou une forme introduisant un ordre ou un souhait *(Qu'elle parte !).* On trouve donc la présence d'un verbe.
Les deux autres cas sont des formes d'adjectifs, soit interrogatif *(Quelle mouche l'a piqué ? ; Ne pas savoir sur quel pied danser),* soit exclamatif *(Quelle horreur ! ; Quel crétin !).* Ces deux formes doivent donc toujours être accompagnées d'un nom.

Quelque/quelque

La première forme est un adjectif suivi d'un relatif. Elle sert à former une concessive avec le verbe *être* au subjonctif : *quel que soit....*
La seconde forme est un adjectif, toujours accompagné d'un nom : *quelque chose...,* ou un adverbe qualifiant un adjectif : *quelque méchant qu'il soit...*

Quoi que/quoique

Quoi que tu fasses. Quoique tu sois charmant...
Le premier introduit un complément d'objet, le second est une conjonction introduisant une opposition ou une concession.

Davantage/d'avantages

« *Elle avait peu d'avantages, pour en avoir davantage* [...] *Davantage d'avantages avantagent davantage* », chante Bobby Lapointe.
Davantage est un adverbe, *d'avantages* le nom accompagné de son déterminant.

Voici une liste des paronymes les plus courants.

Acception : sens de l'emploi d'un mot.
Acceptation : du verbe *accepter.*

Affection : sentiment d'attachement.
Affectation : attitude qui s'éloigne du naturel.

Affluence : grand nombre de personnes.
Influence : action s'exerçant sur des personnes ou des choses.

Affleurer : être au niveau de.
Effleurer : toucher légèrement.

Allocation : indemnité.
Allocution : discours.

Amnistie : loi qui efface un fait punissable, et par conséquent qui en annule les poursuites.
Armistice : décision de suspension des hostilités.

Anoblir : donner un titre de noblesse.
Ennoblir : donner de la noblesse.

Arum : plante.
Arôme : parfum.

Astrologue : qui prétend prédire l'avenir à partir de l'observation des astres.
Astronome : scientifique qui étudie les astres.

Avènement : venue, arrivée à une dignité supérieure.
Evénement : fait extraordinaire.

Barbarie : manque de civilisation.
Barbarisme : faute grossière de langage.

Coasser : grenouilles et crapauds coassent.
Croasser : les corbeaux croassent.

Collision : choc entre deux corps
Collusion : complicité secrète

Conjecture : supposition.
Conjoncture : situation découlant d'un concours de circonstances.

Contemplateur : qui contemple, admire.
Contempteur : qui méprise.

Dénouement : solution, fin.
Dénuement : pauvreté extrême.

Effraction : fracture de clôtures, d'un bâtiment.
Infraction : du verbe *enfreindre* ; violation d'une loi, d'une convention.

Eminent : qui est élevé, supérieur en hauteur.
Imminent : qui menace sous peu.

Enduire : couvrir d'enduit.
Induire : pousser, porter à.

Erratique : qui n'est pas fixe.
Hiératique : qui concerne les choses sacrées.

Eruption : apparition, jaillissement.
Irruption : entrée violente, de force d'une personne dans un lieu.

Gradation : passage successif d'un état à un autre.
Graduation : opération de détermination de degrés d'une échelle de mesure.

Habileté : une personne habile a de l'habileté.
Habilité : « *être habilité à...* » signifie « *qui rend apte à ...* »

Inanité : qui est inutile et vain.
Inanition : épuisement provenant d'un manque de nourriture.

Inclinaison : qui est incliné, penché.
Inclination : tendance naturelle.

Justesse : se dit de ce qui est approprié.
Justice : le bon droit.

Lucane : insecte.
Lucarne : petite fenêtre.

Précepteur : qui instruit, éduque un enfant.
Percepteur : qui perçoit les impôts.

Prescription : du verbe *prescrire* ; précepte, ordre formel.
Proscription : du verbe *proscrire* ; interdiction ferme.

Prolongation : accroissement temporel.
Prolongement : accroissement spatial.

Sceptre : bâton de commandement.
Spectre : figure fantomatique.

Session : période.
Cession : du verbe *céder*.

Souscription : engagement, tel un abonnement.
Suscription : adresse inscrite sur l'extérieur d'une enveloppe.

Suggestion : proposition, conseil visant à convaincre.
Sujétion : assujettissement, domination.

Tendresse : forme d'amitié, d'affection.
Tendreté : se dit du moelleux de certaines viandes, de certains légumes...

Vénéneux : se dit de certains végétaux.
Venimeux : se dit de certains animaux.

Verdeur : rudesse de langage.
Verdure : couleur verte de la végétation ; désigne par extension la végétation elle-même.

Les barbarismes

Le barbarisme se définit comme l'emploi d'une forme qui n'existe pas, en principe, dans la langue. Mais nombreuses sont les utilisations de ces termes dans les copies d'étudiants... et même dans la presse écrite ! Voici quelques rappels d'emplois fréquents, mais à éviter.

Attention :
- à l'indicatif du passé composé du verbe *aller*. On ne dit pas « **j'ai été* » mais « *je suis allé* » ;
- au féminin de certains mots. Ex. : l'adjectif *enchanteur* donne *enchanteresse* et non *enchanteuse ; *partisan* donne *partisane* et non *partisante ;
- au mot *espèce* qui est toujours féminin. On doit dire : « *une espèce de...* » ;
- à la création de dérivés abusifs. Ex. : *solutionner, réceptionner, émotionner, clôturer* pour *résoudre, recevoir, émouvoir, clore*, verbes du 3ᵉ groupe à la conjugaison difficile ;

- aux substantifs dérivés de verbes ayant une variation étymologique.
Ex : émouvoir → émotion (*motum*) ; disséquer → dissection (*sectum*) ; dissoudre
→ dissolution (*soluctum*) ; absorber → absorption (*absorbire*) ; bref → brièveté
(*brevis*) ;
- aux mots souvent écorchés : *en définitive* (**en définitif*), *aux dépens de* (**au
dépend de*), *un dilemme* (**un dilemne*), *de plain-pied* (**de plein pied*), *sens dessus
dessous* (**sans dessus dessous*).

Les pléonasmes

Encore plus néfastes à une bonne rédaction : les pléonasmes. Ils leurrent la personne qui croit faire preuve d'emphase en adoptant un style plus soutenu qu'elle
n'en a l'habitude alors même que ces expressions témoignent d'une méconnaissance du vocabulaire. La redondance est ici à traquer dans la mesure où elle n'apporte rien au style et qu'elle alourdit le propos en multipliant des termes. Au lieu
de dire deux fois la même chose, contentez-vous d'une seule. Vous gagnerez en
efficacité !

Quelques exemples de pléonasmes lexicaux

*C'est par un **faux prétexte** que le conseiller se rendit auprès de Catherine de
Médicis pour tenter de lui soutirer des informations utiles...*

Ce que le journaliste du Times *lui avait annoncé se **révéla vrai**.*

*La reconstruction de la France en 1918 passa par des **étapes successives** qui furent
longues et difficiles.*

***Notre** société **contemporaine** est de plus en plus tournée vers les médias tels que
le cinéma, la télévision, et de moins en moins vers la lecture.*

*C'est par une **entraide mutuelle** que les républicains et les anarchistes pensaient
gagner la guerre d'Espagne.*

*Les deux partis politiques **se réunirent ensemble** pour discuter de leur plan
d'action.*

Dans L'Espoir *de Malraux, un **fait concret** marque bien l'alliance de ces deux extrêmes : il y a une scène où Puig admire le courage et la bravoure de Ximenes.*

Bien que les républicains **préféraient volontiers** la rigueur des fascistes, ils se rallièrent aux anarchistes.

L'apparence extérieure de Ximenes était qu'il boitait et portait un tricorne.

Les anarchistes étaient **contraints malgré eux** de se rallier avec les républicains s'ils voulaient voir la victoire sur les fascistes.

Des solutions possibles

Tout d'abord, écrivez naturellement ! Il n'y a rien de plus mauvais pour le style que d'employer des expressions que l'on ne maîtrise pas et qui révèlent les difficultés d'expression que l'on peut avoir. Ne cherchez pas à faire trop savant ou trop pédant. Vous voulez exprimer des idées. Alors, faites-le simplement.
Prenons l'exemple de « *faux prétexte* » : le terme *prétexte* désigne « *une cause supposée, une raison apparente dont on se sert pour cacher le motif réel d'une action* ». Elle est donc fausse par définition. En disant « *faux prétexte* » vous exprimez deux fois la même chose !

Voici quelques expressions pléonastiques à éviter :
un faux prétexte
un mirage trompeur
des illusions trompeuses
un monopole exclusif
s'avérer vrai
se dépêcher en hâte
des étapes successives
une orthographe correcte
prévoir à l'avance
notre société contemporaine
exterminer jusqu'au dernier
don inné
se réunir ensemble
s'entraider mutuellement
hasard imprévu
un fait concret
préférer volontiers
apparence extérieure
être contraint malgré soi
tous sont unanimes

Quelques exemples de pléonasmes syntaxiques

Il existe également des pléonasmes dans les constructions. Il s'agit le plus souvent du groupement de deux adverbes qui ont le même sens :
mais cependant
mais pourtant
voire même
comme par exemple
puis ensuite
car en effet
nous nous en tiendrons seulement à
il n'a besoin seulement que de
ne faites semblant de rien
et même jusque

Pour les éviter, il faut veiller à ne pas alourdir sa rédaction par des ajouts inutiles et redondants, et bien se relire pour voir si l'on a respecté les enchaînements logiques sans les avoir trop matérialisés.

En et *y* sont aussi sources de pléonasmes syntaxiques. Utilisés trop souvent, ils nuisent à la rédaction.
Ex. : **De tous ces exemples, on peut facilement **en** déduire...*
Pensez à supprimer les segments inutiles : *De tous ces exemples on peut facilement déduire...* Ou bien : *On peut facilement déduire de ces exemples...*

PARTIE II

MAÎTRISER
L'ARGUMENTATION

1. Les procédés logiques de l'argumentation

• Argumenter c'est construire un discours dans lequel on évalue, on dénonce, on met en question, on énonce un point de vue, on distingue, etc. Le but étant de persuader son interlocuteur (son lecteur), c'est-à-dire de l'amener à adhérer à la conclusion vers laquelle s'achemine le discours que l'on construit.

• La construction du raisonnement se rapproche de ce que l'on peut nommer le raisonnement formel, utilisé en sciences, qui consiste à construire une séquence d'énoncés par l'application de ce que l'on nomme des règles d'inférence à des énoncés démontrés ultérieurement.

• La déduction, ou inférence, est une opération logique par laquelle, à partir d'une ou de plusieurs propositions données, tenues pour vrai (que l'on nomme prémisses), on conclut, logiquement, à une proposition qui en résulte. On distingue généralement la déduction de l'induction, qui consiste, à partir de cas singuliers, à remonter à des propositions plus générales. On parle de relation d'inférence, ou d'implication, pour la relation logique consistant en ce qu'une chose en implique une autre.

• Dans le raisonnement formel, il est possible de raisonner sur n'importe quoi, du moment que la procédure logique est respectée (voir ci-dessous le syllogisme).
Le type de raisonnement qui nous intéresse (qui n'est pas un raisonnement de type mathématique) intègre des savoirs implicites. Par ailleurs, sa conclusion n'est pas vraie du seul fait de l'application d'une règle.

Le syllogisme

• Le syllogisme est un raisonnement déductif en trois temps (majeure/mineure/conclusion), qui ne suppose aucun sous-entendu (aucun implicite : tout est dit) sur le modèle : A est B, or tout B est C, donc A est C.

• L'exemple canonique est le suivant :
Tout homme est mortel. **(majeure)**
Or Socrate est un homme. **(mineure)**
Donc Socrate est mortel. **(conclusion)**
La maîtrise de ce type de raisonnement syllogistique est utile pour construire une argumentation imparable.

- Evidemment, le raisonnement syllogistique permet également de construire des raisonnements absurdes, ce dont joue Lewis Carroll dans *La logique sans peine* :

Tous les chats comprennent le français.
Quelques poulets sont des chats.
Quelques poulets comprennent le français.

Au point que le terme de syllogisme peut avoir un sens péjoratif dans le sens de raisonnement purement formel, décalé du réel.

Ionesco l'utilise ainsi dans *Rhinocéros* :
LE LOGICIEN, au vieux monsieur.
Voici donc un syllogisme exemplaire. Le chat a quatre pattes. Isidore et Fricot ont chacun quatre pattes. Donc Isidore et Fricot sont chats.
LE VIEUX MONSIEUR, au logicien.
Mon chien aussi a quatre pattes.
LE LOGICIEN, au vieux monsieur.
Alors, c'est un chat.

- Faites attention à utiliser des propositions dont la véracité ne peut être mise en doute, et à ne pas « manipuler » votre lecteur (d'autant plus que s'il est « mal manipulé », il s'en apercevra, à vos dépens !). Ce que peuvent faire certains slogans publicitaires : *l'argent est fait pour être dépensé - bidule vous permet de dépenser votre argent - achetez bidule...* Cela s'apparente alors à ce qu'on appelle la « pétition de principe » : une croyance de base non remise en cause et posée comme étant partagée par tous.

- Pour prendre conscience du fonctionnement syllogistique, et de son utilisation dans l'argumentation, observez les prémisses de raisonnement dans les exemples qui suivent, et déduisez la conclusion qui s'impose :

1) *Le travail est une torture.*
Toute torture est condamnable.
Donc...

2) *Tout homme dont la culpabilité n'a pas été démontrée doit être considéré comme innocent.*
La culpabilité d'un grand nombre de condamnés à mort aux Etats-Unis n'a jamais été démontrée.
Donc...

3) *Le « régime crétois » se caractérise par une consommation de légumes et de poisson, et l'utilisation de l'huile d'olive comme unique corps gras.*

Une alimentation composée en majorité de légumes, de poisson et d'huile d'olive comme unique corps gras est une alimentation saine.
Donc...

La preuve

C'est elle qui nourrit l'argumentation. Elle va être introduite par un connecteur de type *car, en effet, ainsi, puisque...* ou par deux points « : ». En voici un exemple : *La répartition de l'eau est aisée, car chaque targa*[1] *alimente une surface de champ déterminée, qui n'existerait pas sans elle : quand il y a beaucoup d'eau, chacun en prend à volonté* (article de géographie, cité dans J.-B. Grize, *Sémiologie du raisonnement*, Peter Lang, 1984).
Ici, la conclusion du raisonnement est posée d'emblée : *la répartition est aisée*. La suite de l'énoncé consiste en la construction de la preuve, en deux temps. Le premier temps introduit par *car*, le second temps introduit par les deux points.

L'argument d'autorité

A éviter dans la construction d'une argumentation, l'argument d'autorité consiste à s'appuyer sur l'opinion d'auteurs estimés, « faisant autorité », pour étayer un raisonnement : *puisque machin le dit c'est que c'est vrai*. L'opinion d'« autorités » ne peut venir que pour appuyer un raisonnement bien construit, étayé par des faits.

Ainsi, dans l'exemple qui suit, l'appel à l'argument d'autorité vient appuyer un raisonnement construit, qui se réfère d'abord à l'expérience (*l'observation sur le terrain*) :
L'observation, sur le terrain, des causes de l'émigration tend à prouver que les flux s'inscrivent dans le temps et l'espace, et qu'ils dépendent largement des politiques menées dans d'autres sphères. **De nombreuses études universitaires dans le monde entier l'attestent** : *il ne s'agit ni d'invasion de masse ni de mouvements spontanés de la pauvreté vers la richesse.* (Saskia Sassen, *Le Monde diplomatique*, novembre 2000)

Le raisonnement par analogie

• Le raisonnement par analogie consiste à aller chercher dans un domaine autre des preuves pour le domaine considéré. L'analogie est intéressante dans la mesure où elle permet notamment la vulgarisation, ou l'explication simple d'un phénomène complexe, d'un domaine technique que le lecteur peut ou est consi-

---

1. Une targa est une conduite d'eau

déré ne pas maîtriser. Il faut cependant prendre garde aux analogies excessives ou non pertinentes.

● L'analogie a un pouvoir évocateur fort dans les introductions en particulier. Ainsi dans l'exemple suivant :
Il en va un peu de la grammaire comme du socialisme. Théorie spéculative et pratique sociale concrète se mêlent en chacun de ces deux mots et les connotent d'une ambiguïté où s'alimentent quelques-uns des plus riches débats de notre temps. Il y a un socialisme « imaginaire », comme dirait Castoriadis, qui prend sa source à quelques grands ancêtres, et dont on ne saurait dire s'il est « scientifique » ou « utopique » ; et il y a un socialisme réel, ancré dans soixante ans d'histoire, et auquel on ne saurait refuser son titre : mais qui voit encore en lui l'incarnation du premier ?
Il y a de même, incontestablement, deux grammaires ; et la comparaison s'arrêtera là. [...] (A. Chervel, *Et il fallut apprendre à écrire à tous les petits enfants. Histoire de la grammaire scolaire*, Payot, 1977)

Le raisonnement par l'absurde

● Le raisonnement par l'absurde permet de démontrer qu'une thèse est à rejeter car elle implique une contradiction avec les faits ou bien son application conduirait logiquement à une absurdité.

Si l'on admet, comme voudraient nous le faire croire tous ceux qui ont quelque chose à vendre, que l'homme contemporain a pour vocation essentielle de consommer, on peut considérer que le bonheur passe par un pouvoir d'achat important. Encore faut-il souscrire à cette proposition première. L'argent ne fait pas le bonheur dit l'adage. Dès lors quelle est la vocation de l'homme contemporain ? C'est contre ce modèle de l'homme consumériste qu'un groupe de militants canadiens a lancé l'idée du Buy Nothing Day (journée sans achat).
Cet exemple rejoint le traitement par l'absurde en rejetant les prémisses sur lequel se fonde la thèse qui est combattue : si les prémisses sont rejetées, alors la thèse ne tient plus.

● L'utilisation de l'interrogation permet souvent de rejeter des arguments présentés comme absurde. Ainsi, dans l'exemple suivant :
Peut-elle [l'Union européenne] *longtemps imposer aux pays du Sud la levée des droits de douane pour ses propres produits industriels et refuser d'accepter une ouverture progressive de ses marchés en faveur des produits agricoles du Sud ?* (*Le Monde diplomatique*, novembre 2000)
Ce que rejette l'auteur ici est une sorte de « loi de non-réciprocité », dénoncée comme intenable. Sa dénonciation repose sur une proposition en deux temps, présentés en miroir, qui oppose *imposer* à *refuse d'accepter*.

2. Les outils linguistiques de l'argumentation

Les outils de connexion

On parle de coordination argumentative lorsqu'un premier énoncé peut venir confirmer ou infirmer l'énoncé qui le suit.

Deux énoncés peuvent être coordonnés, même si aucun connecteur n'explicite ce rapport de coordination.

Ex. : *Ernest m'a posé un lapin. Je ne viendrai plus à ses rendez-vous.*

Cependant, donner une orientation argumentative à un texte se fait essentiellement grâce à la maîtrise d'un certain nombre d'outils : les conjonctions de subordination et de coordination.

Marquer la cause

• Il existe différentes manières de marquer la cause : coordination en *car*, subordonnée participiale, subordonnée relative dite explicative (exemple 4), subordonnée introduite par *comme*, simple juxtaposition de propositions (exemple 3).

Observez ces différentes expressions de la cause dans les exemples suivants :

1) *Il devait être fatigué et avoir renoncé à l'idée d'aller voir le clair de lune **car** il me demanda de dire au cocher de rentrer.* (Proust)

2) *Mme de Villeparisis **voyant que j'aimais les églises** me promettait que nous irions voir une fois l'une, une fois l'autre* [...] (Proust)

3) *L'éducation ne se borne pas à l'enfance et à l'adolescence. L'enseignement ne se limite pas à l'école. Toute la vie, notre milieu est notre éducateur, et un éducateur à la fois sévère et dangereux.* (Paul Valéry, *Variété, Essais quasi politiques*)

4) *Un curieux, **qui** avait du goût pour les mets étranges, essaya ce plat inconnu.*

5) ***Comme** il avait du goût pour les mets étranges, il essaya ce plat inconnu.*

Parce que/puisque

• *Parce que* indique la cause. *Puisque* sert à introduire la justification de ce que l'on dit. Si le sens semble proche, ces deux connecteurs ne construisent pourtant pas le même type d'énoncés.

Parce que lie deux énoncés par un lien de cause à effet ; il ne pose en fait qu'une seule affirmation. Avec *puisque*, au contraire, on apporte deux informations successives, en présupposant que l'une justifie l'autre.

Regardons cela à partir d'exemples :
1) *Tu as été reçu parce que tu le méritais.*
2) *J'espère être reçu puisque j'ai bien travaillé.*

L'énoncé 1 peut être glosé : *c'est parce que tu le méritais que tu as été reçu*, ce qui est impossible avec l'énoncé 2.
De même on peut construire une interrogation totale : *est-ce que ce que tu as été reçu parce que tu le méritais ?* (si l'on suppose une réponse du genre : *non c'est la chance* ou *non j'ai soudoyé l'examinateur* !). Avec la phrase 2, on procédera en revanche à une interrogation en deux temps : *est-ce que ce que tu espères être reçu ? puisque tu as bien travaillé ?*
Par ailleurs, on peut toujours remplacer *parce que* par *car*.

Procédez à ces mêmes transformations sur les exemples suivants :
1) *Ce que tu dis est vrai parce que tu l'as vérifié.*
2) *Ce que tu dis est vrai puisque tu l'as vérifié.*

Les deux formes *parce que* et *puisque* ne peuvent donc pas être utilisées indifféremment. La phrase de Pascal qui suit joue sur cette différence argumentative entre *puisque* et *parce que* :
*Au lieu de conclure qu'il n'y a point de vrais miracles **parce qu**'il y en a tant de faux, il faut dire au contraire qu'il y a certainement de vrais miracles **puisqu**'il y en a tant de faux.*
Dans la première partie de l'énoncé, *parce que* lie deux propositions par un lien logique de cause à effet (*c'est parce qu'il y a tant de faux miracles qu'il n'y a point de vrais miracles*). Dans la seconde partie de l'énoncé, Pascal présuppose que le fait qu'il y a tant de faux miracles justifie qu'il y en ait aussi de vrais. L'argumentation repose sur cette présupposition : le lecteur est contraint à prendre ce rapport de justification pour accordé.

En guise d'application, choisissez dans les textes suivants entre *parce que* et *puisque* :

1) *« Pourquoi écrivez-vous ? » demande-t-on souvent à l'écrivain. Vous devriez le savoir. Vous devriez le savoir .... vous nous lisez.* (Ionesco, *Notes et contrenotes*)

2) *On rejoint la colonie ...... les situations y sont assurées, les traitements élevés, les carrières plus rapides et les affaires plus fructueuses.* (A. Memmi, *Portrait du colonisateur*, Gallimard, 1957)

3) ..... il a découvert le colonisé, son originalité existentielle,...... soudain le colonisé a cessé d'être un élément d'un rêve exotique pour devenir une humanité vivante et souffrante, le colonisateur refuse de participer à son écrasement, décide de lui venir en aide. (A. Memmi, *idem*)

4) L'écrivain est embarrassé par les questions qu'on lui pose ...... il se les pose lui-même et ...... il s'en pose bien d'autres. (Ionesco, *idem*)

5) Dans sa solitude [...] chaque homme, et l'écrivain aussi, respire. [...] L'écrivain non seulement respire, mais....... il est écrivain, il écrit. (Ionesco, *idem*)

6. Je suis romaine, hélas, ... mon époux l'est. (Corneille, *Horace*)

Marquer la conséquence, le but

Pour que/de sorte que

Pour que note le but, et *de sorte que* la conséquence. Il existe la même différence entre *pour que* et *de sorte que* qu'entre *parce que* et *puisque* : *pour que* lie deux énoncés, *de sorte que* apporte deux informations successives.

Observons les exemples suivants :
1) *Il a fait ce geste pour que je lui pardonne.*
2) *Il a fait ce geste de sorte que je lui pardonne.*

L'énoncé 1 peut être glosé : *c'est pour que je lui pardonne qu'il a fait ce geste*, ce qui est impossible pour l'énoncé 2.

Pour que peut toujours être remplacé par *de façon que*. Tous deux commandent une proposition subordonnée au subjonctif.
Exemple :
J'ai déplacé la date pour que tu puisses venir.
J'ai déplacé la date de façon que tu puisses venir.

Différentes subordonnées de conséquence

Les phrases suivantes montrent diverses manières de marquer la conséquence, à l'aide de subordonnées :

1) *Ma passion pour lui était tellement folle que j'en ai eu des aigreurs d'estomac.*

2) *Ma passion pour lui était telle que j'en ai eu des aigreurs d'estomac.*

3) *J'avais pour lui une folle passion, si bien que j'en ai eu des aigreurs d'estomac.*

4) *Ma passion pour lui était si folle que j'en ai eu des aigreurs d'estomac.*

A noter : la conséquence peut également se marquer simplement par une **juxtaposition** et **différentes ponctuations**.
L'utilisation des deux points rend la relation cause/conséquence explicite :
Ex. : *Ma passion pour lui était folle : j'en ai eu des aigreurs d'estomac.*
La simple juxtaposition de deux propositions séparées par un point est moins explicite :
Ex. : *Ma passion pour lui était folle. J'en ai eu des aigreurs d'estomac.*

Marquer la concession

L'introduction d'une proposition de concession indique qu'il n'y a pas eu la relation logique attendue entre ce qu'elle exprime et ce qu'exprime la proposition principale.

Voici quelques exemples :
Quoique j'aie beaucoup d'amitié pour toi, tu m'agaces très souvent par tes propos sans queue ni tête.
Bien qu'il tienne souvent dans propos sans queue ni tête, il est cependant très intelligent.
Malgré son intelligence, il tient bien souvent des propos sans queue ni tête.
Certes il est très intelligent, cependant, il tient souvent des propos sans queue ni tête.

Malgré/en dépit de

Malgré est une préposition, employée suivie d'un nom. Elle a le même emploi que la locution *en dépit de*.
Ex. : *Malgré la destruction de ces quartiers, le site reste empreint des stigmates de la pauvreté, de la maladie, de l'insécurité.*

Bien que/quoique/malgré que

Ces trois conjonctions sont interchangeables. Toutes les trois commandent le subjonctif. Les puristes résistent à l'emploi de *malgré que* suivi du subjonctif, il est cependant consigné ainsi dans *Le bon usage* de Goose (le « Grevisse »).
Par ailleurs, prenez garde à la confusion *quoique/quoi que* (voir p. 75). Vous pouvez utiliser sans risque *bien que*, forme la plus fréquente à l'écrit.

Certes[1]

1) *Véhicule d'idéologie* **certes**, *l'école a été aussi, nous dit-on, un remarquable instrument de progrès en généralisant la pratique de la lecture, de l'écriture et de l'arithmétique.* (A. Chervel, *Et il fallut apprendre à écrire à tous les petits Français. Histoire de la grammaire scolaire*, Payot, 1977)

2) **Certes**, *Euroméditerranée a la volonté de relancer l'offre commerciale sur ce périmètre. La prochaine ouverture d'un web bar dans cette rue se veut symbolique de cette volonté.* **Mais** *cette nouvelle donne relève plus de l'incitation que de l'imposition.* (*Le Pavé*, 23-29 novembre 2000)

Certes introduit une concession : celui qui écrit reconnaît la vérité de la proposition qu'il introduit ainsi.
Ex. : *Certes les Français ne sont pas racistes.*

Une phrase qui commence par certes est incomplète. L'introduction par certes fait que le lecteur attend une correction, généralement introduite par **mais**.
Ex. : *Certes les Français ne sont pas racistes mais ils n'aiment pas les étrangers.*

Cette correction peut également être introduite par **cependant, toutefois** ou **néanmoins**.
Ex. : Certes les Français ne sont pas racistes, cependant/toutefois/néanmoins ils n'aiment pas les étrangers.

Parce qu'il introduit une concession, *certes* peut difficilement figurer au début d'un texte. Dans l'exemple présenté, l'énoncé débutant par *certes* ferait suite à une séquence développant que les Français ne sont pas racistes. A moins de se référer à une sorte de discours ambiant, connu de tous, affirmant que les Français ne sont pas racistes.

Si

La concession peut également être introduite par *si*. Observez-le sur l'exemple suivant :
Si l'Etat-Nation dispose toujours du pouvoir d'écrire le texte d'une politique de l'immigration, ses différentes obligations internationales font que sa politique de l'immigration, au sens conventionnel de cette expression, n'affecte qu'à la marge les réalités migratoires. (Saskia Sassen, *Le Monde diplomatique*, novembre 2000)

---

1. Pour cette analyse de *certes*, nous nous reportons à l'article de Michel Charolles « La gestion des orientations argumentatives dans une activité rédactionelle », *Pratiques*, n° 49, mars 1986.

La concession aurait pu être exprimée en deux propositions : *certes/cependant* : *Certes l'Etat-Nation dispose toujours* [...], *cependant ses différentes obligations internationales* [...].
L'effet de sens est toutefois différent selon l'utilisation de l'une ou l'autre des deux formules. La formule en *si* est plus « légère », elle permet de ne pas peser sur la concession (et donc de ne pas focaliser l'argumentation sur l'expression de la concession). Sachez choisir la formule adaptée à votre propos.

Autre exemple tiré du même article, où *si* est couplé avec *toutefois* :
Si secondaires qu'ils puissent paraître, ces deux cas représentent toutefois une brèche importante dans le rempart d'autonomie construit autour de la politique d'immigration.

Marquer une opposition ou une restriction

● Voici différents exemples présentant tous une contradiction (deux aspects d'une même chose qui s'oppose) ou une restriction (une limite à la portée d'une affirmation) :

1) *Dans les ZEP, les chefs d'établissements essaient de recruter des personnes issues des mêmes quartiers que les élèves en postulant que cette « proximité » facilite leur rôle de médiateur.* **Mais** *c'est aussi un signe de méconnaissance des compétences que les aides-éducateurs doivent mettre en œuvre, parce qu'il ne suffit pas d'être issu des mêmes quartiers, de parler la même langue que les jeunes pour être un bon éducateur.* (*Le Pavé*, 23-29 novembre 2000)

2) *Une page se tourne au Proche-Orient et l'instabilité risque de s'étendre.* **Pourtant**, *depuis plus de trente ans, les Palestiniens et l'OLP avaient entamé une longue marche vers l'acceptation d'une solution fondée sur la coexistence de deux Etats.* (*Le Monde diplomatique*, novembre 2000)

3) *On n'exagérera pas,* **cependant**, *dans cette voie : c'est celle de la perdition, celle qui conduit tout droit au roman moderne.* (A. Robbe-Grillet, *Pour un nouveau roman*, 1962)

4) *Ne serait-ce pas* **au contraire** *la pire absurdité que de considérer ces livres comme des études de caractère ?* (A. Robbe-Grillet, *idem*)

Mais, employé seul (sans *certes*), crée une dynamique de l'interprétation particulière. Il en va de même pour des connecteurs proches comme *cependant*, *toutefois*, *néanmoins*...

Après avoir prononcé/écrit une première proposition, le locuteur (ou celui qui écrit) prévoit que le destinataire (celui qui entend ou lit) va en tirer une conclusion. En introduisant une deuxième proposition commençant par *mais*, il empêche cette conclusion en signalant un fait qui la contredit.

Ainsi dans la phrase : *Ernest louche mais il a du charme*, on peut considérer que la conclusion à tirer de la première proposition « *Ernest louche* » est qu'« *il n'a pas de charme* ». L'introduction d'une seconde proposition commencée par *mais* contredit cette conclusion.

Cette valeur de *mais* peut aboutir à des oppositions malencontreuses, qui révèlent les présupposés de celui qui introduit cette opposition. Ainsi, ces formulations qui révèlent en fait le racisme de ceux qui les prononcent (et qui s'en défendent) : *il est arabe mais il est instruit* (le présupposé est que les Arabes d'ordinaire ne sont pas instruits...); *il est noir mais il est travailleur*...

A noter : faites donc attention à l'emploi de *mais* et sachez manipuler l'**implicite** qu'il suppose. L'implicite, qui s'oppose à l'explicite, est ce qui n'est pas clairement énoncé, formulé, mais qui est virtuellement contenu dans le fait énoncé et que le fait énoncé laisse supposer. Dans le maniement du discours, il y a toujours beaucoup d'implicite. Il faut être conscient, pour la réussite de la communication, de l'implicite, et au besoin savoir l'utiliser.

• Les questions introduites par *mais* ont une valeur argumentative particulière.
Ex. : *Il me plaît aujourd'hui **mais** me plaira-t-il toujours ?*
Ici, *mais* sert à disqualifier la première considération (*il me plaît aujourd'hui*) en donnant une importance exclusive à la seconde considération (*me plaira-t-il toujours*). On pourrait paraphraser cette phrase en disant : *peu m'importe qu'il me plaise aujourd'hui, ce qui est important c'est qu'il me plaise toujours*.

Cette orientation argumentative introduite par l'interrogation commençant par *mais* permet notamment de faire basculer l'argumentation, d'amener une transition, par exemple entre l'opinion commune, ou ce qui est immédiatement perceptible pour tout un chacun, et ce qui va venir problématiser la question. Elle permet d'engager le débat.
Ex. : *Cet homme est véritablement charismatique, **mais** quel est son projet politique ?*

Ponctuer les moments d'un raisonnement : « or »

● Le sens premier (maintenant vieilli) de *or* est un sens temporel, il signifie *maintenant* ou *présentement* (d'une étymologie *hora*, « à cette heure »). L'emploi moderne de *or* garde cette connotation temporelle : il marque un moment particulier d'une durée (exemple 1), ou, ce qui nous intéresse ici, d'un raisonnement (exemples 2, 3, 4).

1) *Le ciel était parfaitement clair et le soleil donnait si fort que je ne pouvais regarder dans sa direction. **Or**, il perdit brusquement son éclat, mais non pas, notai-je, comme s'il se couvrait de nuages ; je me retournai et vit qu'une grande masse opaque passait entre moi et le soleil* [...] (J. Swift, *Les voyages de Gulliver*, 1726)

2) *L'idée prévaut, en Europe occidentale, en Amérique du Nord et au Japon, d'une crise du contrôle de l'immigration. **Or** cette vision interdit tout débat serein. La question importante, en effet, ce n'est pas l'efficacité du contrôle des Etats sur leurs frontières, dont on sait bien le caractère nécessairement imparfait, mais plutôt la nature de ce contrôle.* (Saskia Sassen, *Le Monde diplomatique*, novembre 2000)

3) *Il est assurément plus compliqué de tenir compte de cet impact* [l'impact des activités extérieures des Etats sur les flux migratoires] *que de voir dans l'immigration une simple conséquence de la pauvreté, le résultat d'un choix individuel des émigrants. **Or** il importe de rattacher les faits migratoires aux politiques susceptibles de les avoir provoquées. Tout montre que c'est à partir des choix des pays hautement développés, importateurs de main-d'œuvre, que se construisent les liens unissant pays d'émigration et pays d'immigration* [...] (Saskia Sassen, *Idem*)

4) *L'ancien régime a vu apparaître bien des courants grammaticaux et une réflexion linguistique dont on apprécie, depuis peu d'ailleurs, la richesse multiforme et la modernité. [...] La grammaire, à cette époque, ça n'existe pas plus que la philosophie. **Or** ce que l'école enseigne, dès le début du XIXe siècle, c'est une grammaire bien précise.* (A. Chervel, *Et il fallut apprendre à écrire à tous les petits Français. Historie de la grammaire scolaire*, Payot, 1977)

● Dans l'exemple 2, *or* introduit une proposition qui s'oppose à l'opinion commune énoncée dans la première phrase. Il marque une sorte de moment de bascule dans l'argumentation. La proposition suivante, introduite par *en effet*, vient appuyer celle introduite par *or*.

● Ce rôle (introduire le deuxième temps d'un raisonnement) se retrouve dans le syllogisme (voir p. 85). Il peut introduire une objection. Son emploi alors est proche de celui de *cependant* ou *pourtant*.
Ex : *Vous dites avoir raison, or vous n'avez rien démontré.*

Apporter une preuve : « en effet »

● *En effet* introduit une proposition qui vient confirmer ce qui a été précédemment énoncé.
Ex. : *Il ne peut m'être d'aucune aide. En effet, il est totalement incompétent.*

● Dans le texte argumentatif suivant, l'auteur (ou plutôt le traducteur, le texte initial étant en anglais) n'utilise pas de connecteurs. Introduisez *en effet* là où il permettrait d'appuyer l'argumentation :

Le flux de paroles et le changement de distance entre deux individus en interaction participent du processus de communication. Les distances normales entre étrangers lors d'une conversation illustrent l'importance de la dynamique de l'interaction spatiale. Si l'un des interlocuteurs s'approche de trop près, la réaction est immédiate et automatique. L'autre recule. (E.T. Hall, *Le langage silencieux*, Seuil, 1984)

La troisième phrase vient confirmer, en donnant un exemple, ce qui a été énoncé dans les deux premières phrases. On peut la faire débuter par *en effet*.

Attention : *car en effet* est considéré comme un pléonasme et relève davantage de la langue parlée.

Apporter d'autres arguments

De plus/en outre

Les locutions adverbiales *de plus* et *en outre* servent à introduire un élément qui vient s'ajouter, soit comme information supplémentaire, soit pour surenchérir dans le sens de ce qui a déjà été dit.

Par ailleurs

Par ailleurs introduit un autre point de vue sur ce qui a été dit.
Ex. : *Ce sujet m'intéresse personnellement. Par ailleurs c'est un sujet important d'un point de vue scientifique.*

Du reste/d'ailleurs

D'ailleurs sert toujours à introduire un argument coorienté avec un autre argument précédant *d'ailleurs*[1]. *Du reste* a la même fonction.
Ex. : *Il n'est pas venu. On ne peut jamais compter sur lui. D'ailleurs, il ne vient jamais aux rendez-vous.*
Le troisième énoncé donne un argument supplémentaire qui s'ajoute à celui donné par le deuxième énoncé, tous deux orientés vers une conclusion commune : le premier énoncé.

Si aucun énoncé ne précède celui introduit par *d'ailleurs*, il faut considérer qu'il est implicite.
Ex. : *Il n'est pas venu. D'ailleurs je m'en doutais.* (implicite : *il ne vient jamais aux rendez-vous ou bien il ne veut pas me voir*, etc.)

L'introduction d'une proposition commencée par *d'ailleurs* renforce l'affirmation de la proposition précédente, qui semble dès lors « aller de soi ».
Ex. : *Ce n'est pas dans ce nouveau quartier que ces futurs néo-Marseillais viendront tous habiter. **D'ailleurs**, la révision du Plan d'occupation des sols mise en œuvre par l'équipe municipale prévoit l'ouverture à l'urbanisation des zones vertes à la périphérie de la ville* (Le Pavé, 23-29 novembre 2000)

L'emploi de « ainsi »

L'adverbe *ainsi* a plusieurs fonctions. Il est avant tout un adverbe de manière (*c'est ainsi*), mais ce n'est pas cet aspect que nous allons examiner ici.
Il introduit une conclusion (équivalent à *par conséquent*, exemple 1), un exemple (exemples 2, 3, 4) ou encore le deuxième terme d'une comparaison (exemple 5).

1) *Ces ateliers de rue pratiqués dans six cités à Marseille sont des espaces vivants où l'enfant est réceptif, mais surtout actif. L'enfant n'est plus celui qui apprend, il crée. Des peintres animateurs sont à leur diapason. L'expression est libre. Aucun jugement n'est porté sur les dessins. Il n'est pas question d'éduquer mais d'éveiller. **Ainsi**, chaque enfant crée ce dont il rêve.* (Le Pavé, 23-29 novembre 2000)

2) *Les classes de CLIN (d'initiation) ont été spécialement créées pour les enfants primo-arrivants. Mais les enseignants de ces classes se retrouvent face à des situations d'autant plus différentes que les migrations varient très rapidement. **Ainsi**, depuis quelques années, beaucoup de Comoriens arrivent à Marseille, après avoir transité par Mayotte pour obtenir la nationalité française. Ils sont français, mais ne parlent pas notre langue.* (Le Pavé, idem)

---

1. Voir Ducrot et alii, *Les mots du discours*, Paris, Minuit, 1980.

3) [...] *ils laissèrent entendre aux journalistes que l'usage excessif de la force pour disperser les manifestants se révélait nécessaire et justifié dans la mesure où des soldats et des civils israéliens se trouvaient en danger. **Ainsi**, le vendredi 29 septembre, lors de la prière à al-Aqsa, quand – selon leur version – des jeunes surexcités jetèrent des pierres sur les Juifs priant devant le mur des lamentations.* (*Le Monde diplomatique*, novembre 2000).

4) *La rue accompagne et prolonge également l'effet de sas que jouent les quartiers du Panier et de Belsunce pour les nouveaux arrivants. **Ainsi**, plusieurs vagues d'immigration successives – corse, italienne, maghrébine, vietnamienne – donnent à la rue cet aspect multiculturel qu'elle conserve encore aujourd'hui.* (*Le Pavé*, idem)

5) *De même qu'il a toujours agi par le passé, **ainsi** agit-il aujourd'hui.*

A noter : l'inversion du sujet et du verbe est assez fréquente après *ainsi*.
Ex : *Ainsi chaque enfant crée-t-il ce dont il rêve.*

L'utilisation des connecteurs : observation d'un exemple

Observez ce passage argumentatif, extrait d'une copie d'étudiants. Quels connecteurs sont bien utilisés, quels connecteurs ne le sont pas ?

Cette nouvelle création de littérature romane a joué un rôle moteur dans la promotion de la langue française.
***En effet** cela a contribué à assurer son prestige. **Or** le fait qu'une langue assure sa suprématie est une des caractéristiques des langues hautes. **En effet**, avant cela, seul le latin trouvait sa place dans l'activité littéraire. **Donc** à partir du XIIe siècle, il y a un retournement de situation : le latin est moins apprécié du milieu littéraire.*

Le deuxième *en effet* n'a pas lieu d'être : la phrase qu'il introduit n'est pas un argument en faveur de l'affirmation précédente. On peut le supprimer.

Quantificateurs, appréciatifs et argumentation[1]

L'utilisation des quantificateurs et appréciatifs (*peu, un peu, presque, à peine, même*) donne une orientation argumentative à un énoncé, orientation qu'il faut savoir maîtriser. C'est ce que nous allons voir maintenant.

---

1. Sur ce point, nous nous reportons aux travaux suivants : Ducrot O., *Dire et ne pas dire*, Paris, Hermann, 1972 ; J. C. Anscombe et O. Ducrot, *L'argumentation dans la langue*, Bruxelles, Mardaga, 1983.

Peu/un peu

Les quantificateurs *peu/un peu*, s'ils indiquent tous deux une petite quantité, n'indiquent cependant pas la même **appréciation** de cette quantité.
Comparez : *Cette situation est peu gênante.*
Et : *Cette situation est un peu gênante.*

Dans le premier cas, il s'agit presque d'une négation : *cette situation n'est pas gênante. Peu* fonctionne en fait comme une négation atténuée. Il peut s'agir aussi d'une façon polie d'exprimer les choses : « *ton livre est peu intéressant* » est une façon moins forte de formuler « *ton livre n'est pas intéressant* ». On nomme cette tournure une litote.
Dans le second cas, il s'agit d'une affirmation : *cette situation est gênante.*
Il faut donc prendre garde à l'orientation argumentative que peut donner respectivement l'emploi de *peu* ou *un peu*.

Ainsi, si après la seconde proposition, vous pouvez enchaîner de la sorte : *cette situation est un peu gênante, je n'ai pas envie que cela se reproduise.* Vous ne pouvez pas enchaîner de la même manière après la première proposition : *cette situation est peu gênante, je n'ai pas envie que cela se reproduise.* La relation ici n'est pas logique.

QU'EST-CE QU'UNE LITOTE ?

La litote est une formulation atténuée, qui amène en fait à interpréter un énoncé comme disant plus que sa signification littérale. Généralement il s'agit de dire non-A pour laisser entendre A.
La litote la plus célèbre de la littérature française est le : « *Va, je ne te hais point* » de Chimène à Rodrigues, dans *Le Cid*, manière atténuée (et acceptable, vu qu'il vient quand même de tuer son père) de lui dire *je t'aime.*

A peine

Considérons les exemples suivants :
1) *Cette dissertation est à peine digne d'un étudiant en lettres.*
2) *Cette dissertation est peu digne d'un étudiant en lettres.*
3) *Il gagne à peine mille francs par mois.*

A partir des exemples 1 et 2, on voit bien la différence de sens qu'introduit l'utilisation de *à peine* par rapport à *peu*. En effet, si l'exemple 1 implique un jugement assez pessimiste sur les étudiants en lettres, considérés comme n'étant pas la norme à suivre, l'exemple 2 implique au contraire qu'on les prend comme modèle.

Dans l'exemple 3, *à peine* est presque synonyme de *seulement*.

On doit considérer que *à peine* a un effet dévalorisant, il présente comme insignifiant le terme sur lequel il porte : être un étudiant en lettres c'est peu de chose ; gagner mille francs c'est peu.

L'utilisation de *à peine* peut avoir des **effets ironiques**, comme dans la phrase.

Ex. : *Il gagne à peine un million par mois.*

COMMENT FONCTIONNE L'IRONIE ?

L'ironie consiste à dire A pour faire entendre non-A. Les marqueurs de l'ironie à l'écrit sont multiples, ils vont être l'indice d'un jugement ou d'une mise à distance : point d'exclamation, points de suspension, guillemets, italiques, mais aussi des mots tels sic (que l'on met entre parenthèses après un terme cité, pour souligner qu'on le cite tel quel, aussi bizarre ou inapproprié ou fautif qu'il puisse paraître), *évidemment, bien sûr, comme chacun sait...*

L'ironie tient en fait au décalage entre le propos tenu et ce que le lecteur sait de ce qui est décrit. Elle repose donc sur un ensemble de savoirs qui doivent être communs à celui qui écrit et au lecteur. Sans cela, elle risque de ne pas être comprise.

Presque

Comparez :
1) *Il a à peine vingt ans.*
2) *Il a presque vingt ans.*

Presque introduit souvent un sous-entendu majorant (qui apporte « du plus »), inverse au sous-entendu minorant (qui apporte « du moins ») lié à *à peine*. L'énoncé 1 sous entend que vingt ans c'est jeune. L'énoncé 2 sous entend que vingt ans ce n'est plus jeune.

Même

Même introduit un argument qui va dans le même sens (avec souvent un surenchérissement) qu'un énoncé qui le précède.

Ex. : *Peu de personnes mangent des escargots et des cuisses de grenouille, il y en a même très peu.*

On ne pourrait pas dire : [...] *il y en a même beaucoup.* Ce serait inconsistant.

Nominalisation et argumentation

La nominalisation consiste à reprendre un énoncé verbal complet par un nom (*L'homme a été mis en prison*. **Cet emprisonnement**....).

La reprise lexicale, ou nominalisation, peut orienter l'interprétation à donner à un énoncé. Observons cela davantage :
Les biologistes n'ont pas vraiment englobé l'homme dans la biologie. **Cette insuffisance**, *la plus importante de la connaissance biologique, demande à être rectifiée dans une perspective évolutionniste.* (Grize, *Sémiologie du raisonnement*, Peter Lang, 1984)
La nominalisation s'accompagne ici d'une interprétation sur l'énoncé qui précède : elle oriente le discours.

Si la reprise lexicale est un instrument linguistique de l'argumentation au même titre que les connecteurs, prenez garde cependant aux nominalisations interprétatives qui ne seraient pas reçues par votre lecteur et nécessiteraient une justification. Vous risqueriez une remarque du type : « *Encore faudrait-il le démontrer* ».

Observez cela sur l'exemple suivant, volontairement extrême :
Les femmes et les hommes n'occupent généralement pas les mêmes postes dans la société. **Cette juste répartition** *permet à chacun de trouver sa place.*
Soyez donc attentif au fait que la nominalisation permet de soustraire à la discussion certaines parties d'un énoncé.

Observez ainsi cette phrase : *Devant ces agissements inqualifiables, nous restons impuissants.* Le fait de nominaliser *agissements inqualifiables* empêche la discussion sur la nature inqualifiable de ces agissements. Il en aurait été différemment si on avait écrit : *On a agi de façon inqualifiable*. Une telle phrase demande une justification. Soyez donc attentif au présupposé que construit la nominalisation.

Interrogation et argumentation

Les phrases interrogatives (interrogations totales, c'est-à-dire qui portent sur la totalité de l'énoncé) en français ont une valeur argumentative, c'est-à-dire qu'elles ont la même orientation argumentative que les phrases négatives correspondantes[1].

---

1. Voir J. C. Anscombe et O. Ducrot, L'argumentation dans la langue, Bruxelles, Mardaga, 1983.

Ainsi, si l'on pose la question « *Les Marseillais ne pensent-ils qu'au football et au pastis ?* », cela a la même valeur argumentative que la négative : *Les Marseillais ne pensent pas tous au football et au pastis.* Cette orientation argumentative qu'apporte l'interrogation totale est une ressource rhétorique importante.

Observez les exemples suivants :

1) *Alors que la mondialisation économique a profondément transformé les Etats et le système inter-étatique, peut-on continuer de penser l'immigration comme s'il s'agissait d'une dynamique indépendante des autres champs ; comme si son « traitement » relevait encore exclusivement d'une souveraineté nationale unilatérale ? Peut-on persister, dans la réflexion sur les migrations internationales, à faire l'économie d'une interrogation sur les transformations décisives qui ont affecté l'Etat, à la fois sur le plan domestique et dans ses relations internationales ?* (Le Monde diplomatique, novembre 2000)

2) *Comment une même langue pourrait donc engendrer deux ou plusieurs grammaires différentes ? Est-ce que le féminin des adjectifs ou les conjugaisons des verbes sont susceptibles de varier suivant les auteurs et les théories ? Evidemment non.*

Dans l'exemple 1, la suite d'interrogations, auxquelles le lecteur se trouve forcé de répondre par la négative, est l'introduction d'un développement argumenté qui va étayer ce qui est posé ici comme évident.

Dans l'exemple 2, l'auteur lui-même répond à la série de questions qu'il introduit. L'introduction de l'interrogation sert ici à se débarrasser d'objections traitées comme absurdes et qu'on ne peut dès lors lui imputer.

Récapitulatif : les différents connecteurs de l'argumentation

Marquer la cause	*parce que, car*
Confirmer, introduire un argument	*en effet*
Introduire une justification	*puisque*
Marquer la conséquence	*de sorte que, si bien que* *donc* *par conséquent*
Marquer le but	*pour que, afin que*
Marquer la concession	*malgré, en dépit de* *bien que, quoique, malgré que* *certes* *si*
Marquer l'opposition ou la restriction	*mais, cependant, toutefois,* *néanmoins, pourtant*
Introduire une objection	*or*
Introduire un exemple	*par exemple* *ainsi*
Faire une comparaison	*de même que... de même* *de même que... ainsi* *comme*
Introduire une conclusion	*ainsi* *par conséquent* *cela étant*

Application : contrôle d'orientation argumentative

● Nous allons observer des énoncés où l'orientation argumentative est mal contrôlée.

Exemple 1
Peu d'étudiants obtiennent leur Deug du premier coup (presque 20 %).

Tous ceux qui lisent cet énoncé sont d'accord pour dire qu'il y a « quelque chose qui cloche ». Le texte n'est pas cohérent. Pourquoi ? Proposez une correction.

On lit la parenthèse comme étant un argument venant appuyer ce qui est dit dans la phrase principale. Or le quantificateur *peu* et le quantificateur *presque* n'indique pas la même appréciation d'une quantité. *Presque* apprécie une quantité en la considérant comme importante, ce qui contredit *peu*. L'expression attendue serait : *pas tout à fait ou un peu moins de ou pas plus de.*

Exemple 2
Le développement de l'informatique engendre des inquiétudes pour l'emploi. L'informatique permet d'améliorer la productivité et les conditions de travail (ainsi, la « robotisation » mise en place chez Renault a supprimé des postes pénibles). Mais fera-t-elle disparaître plus d'emplois qu'elle n'en créera ? (Extrait d'un article de *Télérama*, n° 1560)

Pointez là où « ça cloche ». Proposez une correction. Proposez une amélioration du texte en intégrant des mots de liaison, des adverbes...

La deuxième phrase est une concession par rapport à la première. La phrase entre parenthèses est une illustration qui vient à l'appui de la concession. On attend de la phrase interrogative, introduite par *mais*, qu'elle soit la **correction de la concession**. Or, ce n'est pas le cas, et c'est « ce qui cloche ». Pourquoi ?
Les questions du type « est-ce que... ? » ont la même valeur argumentative que la négative correspondante. Ici donc, l'interrogative a la même valeur que la négative : *elle ne fera pas disparaître plus d'emplois qu'elle n'en créera.* Or, c'est tout le contraire que veut dire l'auteur.
Il aurait donc fallu faire la correction de la concession par **l'interro-négative** : *mais ne fera-t-elle pas disparaître plus d'emplois qu'elle n'en créera.*

On peut encore améliorer le texte en introduisant des connecteurs :
*Le développement de l'informatique engendre des inquiétudes pour l'emploi. **En effet**, l'informatique permet **certes** d'améliorer la productivité et les conditions de travail (ainsi, la « robotisation » mise en place chez Renault a supprimé des postes pénibles). Mais fera-t-elle disparaître plus d'emplois qu'elle n'en créera ?*

• Soit le texte suivant :

L'avenir professionnel des jeunes suscite bien des inquiétudes. Des mesures de création d'emploi ont été prises : emplois-jeunes, CES..., mesures qui font baisser les statistiques du chômage.

Proposez une prolongation à ce texte. Laquelle, parmi les phrases suivantes, convient ?

a) *Mais ces « solutions » entraîneront-elles à long terme une expansion du chômage plus sûrement qu'elles n'y porteront remède ?*

b) *Mais ces « solutions » n'entraîneront-elles pas à long terme une expansion du chômage plus sûrement qu'elles n'y porteront remède ?*

Pour les mêmes raisons que précédemment (l'interrogative totale a la même valeur que la négative), la version logique est l'interro-négative b).

• Même exercice :

On n'a jamais tant édité de livres. La production-consommation d'écrits semble en pleine expansion.

a) *Mais ce développement industriel de l'édition signifie une production de qualité ?*

b) *Mais ce développement industriel de l'édition ne signifie-t-il pas une production de qualité ?*

PARTIE III

MAÎTRISER
LE STYLE

1. Du bon usage de la ponctuation

Voici une petite annonce dans laquelle des erreurs de ponctuation ont créé des effets de sens burlesques :

« *Monsieur, célibataire, 28 ans, bonne situation, voiture bien sous tous rapports souhaite correspondre avec jeune fille cultivée, douce, aimante en vue mariage pas sérieux. S'abstenir.* »

Ainsi, l'absence d'une ponctuation adaptée peut nuire à la compréhension du texte et même aller jusqu'au faux-sens. Voici un petit rappel. La ponctuation sert à :
● délimiter des phrases et, à l'intérieur de ces phrases, certaines propositions et certains constituants. Ex. : *Je la vois, qui se promène, le regard perdu.* (P1 : principale ; P2 : relative dont l'antécédent est le pronom personnel « la » ; P3 : apposition à « la ») ;
● dissiper des équivoques de sens. Ex. : *Regarde Pierre !* (Pierre est COD : il faut regarder Pierre). *Regarde, Pierre !* (on s'adresse à Pierre dans une apostrophe) ;
● donner un rythme à la phrase. La ponctuation marque ainsi les silences et permet une cadence. Ex. : *Adieu ! Pars... Loin. Sans moi. Je resterai seul, là, sans toi.* Dans cet exemple, la ponctuation matérialise un rythme saccadé qui souligne, par les ruptures syntaxiques, la rupture amoureuse symbolisée par les effets de rythme inhérents à la ponctuation ;
● différencier les types de phrase. Déclarative : *Il vient.* Interrogative : *Il vient ?* Exclamative : *Il vient !* (ici les intonations de l'oral sont transcrites à l'écrit par la ponctuation, même si le registre se limite à trois types : déclaratif, interrogatif et exclamatif).

Les signes de ponctuation forts

Le point : il conclut une phrase de type impératif ou déclaratif (même une phrase nominale) et correspond à une pause prolongée.
Ex. : *Reste. Si tu franchis le seuil de la porte, tu ne me reverras plus.*

Les points de suspension : ils marquent une pause provisoire.
● A la fin d'une phrase, ils montrent que le discours s'interrompt (même si l'on pourrait expliquer davantage) ou que l'énumération est incomplète.
Ex. : *Il faudrait aussi évoquer les problèmes de chômage, de surendettement, de fiscalité...*
● A l'intérieur d'une phrase, ils montrent une hésitation, une difficulté à s'exprimer, une émotion.
Ex. : *Ton père... comment dire...*

• Entre parenthèses ou crochets, ils marquent qu'un passage a été supprimé dans la citation.

Le point d'interrogation : il marque la fin d'une phrase interrogative.
Ex. : *Vient-il au cinéma ?*

Le point d'exclamation : à la fin de la phrase, il introduit un sentiment (colère, joie, peur...).
Ex. : *Sors !*

Les autres signes de ponctuation

Ces signes se trouvent toujours à l'intérieur des phrases, contrairement aux signes de ponctuation forts.

Le point-virgule : il signale la fin d'une proposition et non la fin d'une phrase. La pause qu'il introduit est donc moins longue que celle du point. Il crée à la fois une rupture et un enchaînement logique entre deux parties de phrase qu'il sépare et qu'il relie. Il souligne ainsi que les deux membres de phrase sont complémentaires dans la phrase.
Il peut encore marquer les étapes d'un raisonnement, les différents éléments d'une énumération...
Ex. : *La cour a statué et jugé ; elle prononcera son verdict dans l'après-midi. Il ressort trois conséquences de cette affaire. La première est que, pour la première fois, les faits ont été portés devant un tribunal ; la deuxième est que cela constitue, de fait, un cas de jurisprudence ; la troisième est l'intérêt que la presse commence à porter à ces questions sociales.*

Les deux points : ils marquent une pause entre deux propositions qu'ils relient de façon étroite.
• Ils peuvent, dans ce cas, remplacer une conjonction de coordination.
Ex. : *Je pars : j'ai trop attendu (je pars car j'ai trop attendu).*
• Ils annoncent souvent une explication.
Ex. : *Voici comment se sont déroulés les faits : Madame Durand, qui se trouvait dans son jardin, a vu passer une voiture qui a grillé le feu rouge.*
• Ils programment aussi une énumération.
Ex. : *Le propos se divisera en deux points : tout d'abord...*

La virgule : elle marque une pause qui est toujours brève. Ses fonctions sont multiples.
• Elle peut séparer des termes qui jouent le même rôle sur le plan grammatical et qui sont placés côte à côte. Si les deux derniers termes sont reliés par une conjonction de coordination, la virgule disparaît.

Ex. : *Les laquais, les palefreniers, les femmes de chambre, les majordomes et tout le personnel de maison s'activaient en cœur.*
- Elle sert à détacher, pour mettre en valeur, certains groupes ou certains mots.
Ex. : *Elle, elle croit tout savoir.*
- Elle permet d'insérer des incises.
Ex. : *La femme, dit-on, est l'avenir de l'homme.*
- Elle permet de différencier grammaticalement un nom en apostrophe et un nom en complément d'objet.
Ex. : *Regarde Paul/Regarde, Paul.*

QUELQUES REMARQUES CONCERNANT LA VIRGULE

On ne sépare jamais par une virgule le verbe de ses compléments essentiels, sauf en cas d'expressivité. Ex. : *Il pense, à toi.* Dans le cas où le verbe est séparé de ses compléments essentiels par la virgule, le sens peut être modifié : *Je vois Jean* ne signifie pas la même chose que *Je vois, Jean.*
Pour les propositions subordonnées relatives, l'introduction de la virgule peut avoir un sens décisif. En effet, si l'on met une virgule entre la proposition subordonnée relative et la proposition principale dont elle dépend, on signale que la relative est une explicative et qu'elle fonctionne grammaticalement comme un complément circonstanciel.
En voici un exemple : *Les enfants, qui sont sages, auront une récompense* (c'est parce qu'ils sont sages que les enfants auront une récompense). En revanche, dans la phrase *Les enfants qui sont sages auront une récompense*, la proposition subordonnée relative est déterminative : seuls les enfants sages auront une récompense.
Enfin, la virgule permet de lever certaines ambiguïtés. Elle aide, par exemple, à éviter les confusions dans la phrase suivante : *Nous regardons la toiture de la maison voisine.* Le sens est-il : *nous regardons la toiture qui est celle de la maison voisine*, ou bien : *nous regardons la toiture depuis la maison voisine* ? La virgule permet d'éviter l'ambiguïté : *Nous regardons la toiture, de la maison voisine* signifie bien que nous regardons la toiture depuis la maison voisine.

Le tiret : à l'intérieur d'une phrase, il sert à isoler et à mettre en valeur des mots pouvant fournir une explication, un commentaire.
Ex. : *Les manuscrits retrouvés dans l'inventaire de Jean sans Peur – quatre ont été à ce jour répertoriés – appartenaient tous à de grandes familles royales.*

Les guillemets : pour la rédaction, les guillemets servent à restituer le discours d'un autre (cas de citations). S'ils ont pour objectifs de donner une approximation, c'est que votre propos n'est pas assez précis et que vous devez modifier votre phrase pour parvenir à plus de justesse dans votre expression.

Voici un exemple à bannir : *Ainsi, on pourrait parler de « stagnation » ou de « maintien » de la croissance.* Soit vous êtes sûr du mot que vous employez, soit vous ne l'écrivez pas...

Les parenthèses : on les utilise dans la rédaction, comme les tirets, pour isoler une remarque, une explication ou un commentaire dont l'importance n'est pas essentielle au discours.
Ex. : *On sait qu'en 1821 la mort de Napoléon ne fut connue à Paris que près de trois mois après qu'il eut rendu à Sainte-Hélène le dernier soupir (et près d'un an plus tard seulement en province).*
Nous conseillons d'éviter d'interrompre la phrase par de trop longues parenthèses qui détruisent le rythme et rendent la compréhension difficile.

2. Jouer avec les mots

L'utilisation du lexique

La question du lexique est fondamentale dans l'amélioration du style. On a souvent tendance à confondre ou à uniformiser le sens des mots sans rendre compte de la particularité sémantique qui correspond à leur emploi. Il faut prendre conscience du fait que les termes ont un sens propre, souvent unique et qu'ils ne sont pas forcément interchangeables sous peine de perdre un des sèmes (trait sémantique pertinent) qu'ils véhiculent. Ainsi, l'adjectif *narquois* n'est pas l'exact équivalent de *goguenard, ironique* ou *railleur*.

Les synonymes parfaits n'existent pas et chaque mot a pour fonction de désigner un objet, une attitude ou une identité spécifique. C'est pourquoi, par manque de pratique et de connaissance, on leur substitue souvent des termes génériques qui posent le problème d'une signification trop large et pas assez précise. Ainsi, les verbes *faire, être et avoir* remplacent souvent dans le langage familier et commun d'autres verbes plus précis que le langage soutenu aurait privilégié.

Il convient alors, pour améliorer son style, de chercher le terme précis que l'on souhaite employer afin de fuir l'approximation et de donner plus de force et d'intensité à sa pensée. Appeler les choses par leur nom, renvoyer à des réalités précises, choisir le terme approprié et rendre compte des nuances, voilà le programme lexical auquel doit tendre toute personne souhaitant améliorer son style. En effet, chaque mot a un sens précis qu'il convient de connaître pour l'employer à bon escient.

Voici trois exemples significatifs qui peuvent servir d'illustration à notre propos (vous pouvez, en guise d'exercice d'entraînement, vérifier si vous parvenez à distinguer leurs nuances lexicales) :

1) Le terme *habileté* qui désigne de façon neutre « l'aptitude », « la capacité » n'est pas l'exact synonyme de :
● *adresse, dextérité* : qui renvoient à la justesse et à la précision d'une action jugée difficile ;
● *brio, virtuosité* : qui désignent moins le côté concret que l'aspect intellectuel de l'action ;
● *diplomatie* : qui connote une habileté liée à la résolution de conflits relatifs aux relations entre personnes ;
● *doigté* : terme familier qui a à la fois le sens concret de « dextérité » et à la fois le sens métaphorique de « capacité à exécuter une action jugée problématique » ;

- *perspicacité* : capacité à deviner ce qui est caché ;
- *savoir-faire* : connaissance pratique et capacité de réalisation ;
- *roublardise* : capacité à tromper les gens ;
- *rouerie* : équivalent soutenu ;
- *art* : moyen d'obtenir quelque résultat. Proche de « adresse », « habileté », « savoir-faire » ;
- *artifice* : moyen habile et ingénieux (soutenu) ;
- *ingéniosité* : capacité d'être habile ;
- *talent* : don, aptitude ;
- *finesse* : artifice, ruse, astuce, stratagème ;
- *truc* : emploi familier qui dénonce l'habileté comme ruse ;
- *ficelle* : emploi familier qui marque la tromperie ;
- *ruse* : sens général d'habileté mentale en vue de tromper.

2) On peut observer de même avec l'adjectif **généreux** :
- *brave* : sens légèrement péjoratif ;
- *chevaleresque* : sens vieilli de valeurs passées ;
- *courageux* : qui n'a pas peur ;
- *intrépide* : courage avec idée de risque ;
- *vaillant* : qui ne craint pas le travail ;
- *bon* : sens moral ;
- *charitable* : qui exerce la charité, est secourable ;
- *humain* : emploi courant, voire familier et qui dénote des qualités de sensibilité ;
- *élevé* : grandeur de caractère ;
- *grand* : qui a de nobles valeurs ;
- *noble* : qui se situe au-dessus des autres hommes de par ses qualités ;
- *bienveillant* : qui porte un jugement positif sans critère de valeur morale ;
- *fraternel* : qui a l'amitié du frère ;
- *obligeant* : qui aime à faire plaisir ;
- *prévenant* : qui est attentif aux autres ;
- *serviable* : qui aime à rendre service ;
- *large* : qui dépense sans compter (soutenu) ;
- *libéral* : qui donne facilement ;
- *prodigue* : qui fait des dépenses excessives (soutenu) ;
- *fécond* : s'applique à un objet concret ;
- *fertile* : qui produit beaucoup ;
- *riche* : qui a beaucoup ;
- *fort* : sens très large de robustesse ;
- *vivace* : qui est empli d'énergie ;
- *plantureux* : volumineux, en parlant d'un décolleté par exemple.

Si tous ces adjectifs peuvent être glosés par *généreux*, il faut cependant veiller à utiliser chacun dans la sphère notionnelle qu'il recouvre. Ainsi, *vivace, fertile, fécond* s'appliquent à la végétation, alors que *charitable, noble, bienveillant* seront davantage utilisés pour qualifier des êtres animés, et que *large, libéral, prodigue* renverront plutôt à une générosité financière.

3) Dernier exemple, celui du terme **ancien** qui peut être glosé par les mots suivants :
- *vieillesse* : s'applique aux êtres animés ;
- *sénilité* : désigne les effets du grand âge ;
- *archaïsme* : renvoie à un temps dépassé ;
- *caducité* : s'emploie en général pour désigner les institutions ou les lois ;
- *vétusté* : s'applique en général à un édifice ;
- *décrépitude* : qualifie l'état de déchéance qui provient d'une extrême vieillesse ;
- *ancienneté* : réfère à une fonction ;
- *désuétude* : renvoie à des coutumes ;
- *usure* : désigne l'effet destructeur du temps sur des choses matérielles que l'on utilise beaucoup ;
- *ruine* : emploi très large mais réfère davantage à du non-animé ;
- *dégradation* : s'emploie comme le préjudice subi par des choses matérielles ;
- *obsolescence* : qui est devenu périmé ; s'applique en général à du matériel ;
- *anachronisme* : renvoie à des usages, à des pratiques.

Cet exercice « d'effet de liste » montre combien vous pouvez jouer avec les mots pour faire varier les idées que vous voulez exprimer et pour désigner de façon plus précise ou de manière plus expressive l'objet ou le phénomène que vous cherchez à décrire. Le recours à la synonymie est donc fortement conseillé, en prenant garde toutefois à ne pas croire que tous les mots possèdent le même sens. Remplacer un mot par un autre peut améliorer le style, à condition d'opérer cette substitution en connaissance de cause et avec discernement !

Pourquoi remplacer un mot par un autre ?

Nous souhaitons proposer ici quelques modèles, ou contre modèles, littéraires des utilisations qui peuvent être faites du lexique afin de matérialiser les apports qu'un tel jeu avec les mots peut procurer.
Se convaincre de la nécessité de remplacer un mot par un autre, que ce soit pour avoir accès à un langage plus soutenu, pour respecter les conventions lexicales, pour éviter l'approximation, pour alléger la syntaxe ou pour être plus expressif, c'est prendre conscience qu'améliorer son style conduit à un nécessaire travail sur les mots et leur utilisation.

C'est pourquoi, suite à ces modèles littéraires et théoriques, nous proposerons des techniques destinées à faciliter ces remplacements dans le cadre d'une rédaction non littéraire et des exercices pratiques (situés dans la partie IV de l'ouvrage) visant à systématiser les conseils donnés ici.

Mais tout d'abord, pourquoi remplacer un mot par un autre ?

Pour avoir accès à un langage plus soutenu

La substitution d'un mot par un autre permet tout d'abord d'améliorer son style en optant pour un registre de langage plus soutenu.

Exemple

Toupin a tiré une cigarette et l'a tendue à Pommard qui l'a prise et se l'est mise au bec. Vous avez du feu qu'il demande à Toupin. Ma foi non dit Toupin ma femme ne veut pas que je fume. [...] Eh bien tant pis dit Toupin je la garde et je me la fumerai plus tard. La garce disait Pommard cherchant toujours c'est bien ça elle me l'aura pris c'est un peu fort tout de même, on pourrait peut-être demander à ce monsieur. Un monsieur qui passait. Dîtes monsieur qu'il fait Pommard vous n'auriez pas du feu, mais le passant n'entend pas. Ah les jeunes aujourd'hui dit Toupin les jeunes sont personnels monsieur Pommard, ils n'entendent plus les vieux. Attendons le suivant dit Pommard en se retirant la cigarette du bec et il l'a gardée à la main. Toupin se l'est mise sur l'oreille. (Robert Pinget, *Clope au dossier*)

Les modifications qui peuvent être apportées à ce texte relèvent à la fois de la ponctuation (rétablissement d'une ponctuation écrite), de la syntaxe (correction dans la structure des phrases), des temps verbaux (passage du passé composé au passé simple avec concordance des temps respectée) et du vocabulaire (substitution du langage oral et familier par du langage courant ou soutenu). Dès lors, on peut observer que ces « micro changements » transforment totalement l'énoncé de départ et que le texte initial, qui se voulait oral et argotique, est à présent dénué des caractéristiques qui faisaient son style :

Toupin sortit une cigarette qu'il tendit à Pommard ; s'en saisissant, ce dernier la plaça entre ses lèvres. « Avez-vous du feu ? », demande-t-il à Toupin. Mais Toupin répondit qu'il n'en avait pas car sa femme refusait qu'il fumât. « Ma foi, tant pis. Je la conserve et la fumerai plus tard », rétorqua Toupin. Pommard reprit : « L'effrontée, elle me l'aura certainement subtilisé ; cela me surprend, tout de même... Peut-être pourrait-on en demander à ce passant. » « Excusez-moi, monsieur. Auriez-vous du feu, s'il vous plaît ? », demanda Pommard. Mais le passant n'entendit pas. « Aujourd'hui, la jeunesse est individualiste, monsieur

Pommard. Ils ignorent les anciens. » « *Attendons le prochain passant* », dit *Pommard alors qu'il ôtait la cigarette de sa bouche et la conservait dans sa main. Toupin plaça la sienne sur son oreille.* (texte modifié)

Pour respecter les conventions lexicales

La substitution d'un mot par un autre permet encore de respecter les conventions lexicales, à savoir appeler les choses par leur nom. C'est cette recherche du respect des conventions lexicales que met en jeu la littérature. C'est pourquoi nous vous conseillons une lecture assidue des textes d'auteurs.

Exemples

Voici quelques exemples pris dans des textes contemporains qui serviront d'illustration et permettront de se familiariser avec le travail sur les conventions lexicales.

Dans *Le Roi miraculé* de Mongo Beti, on observe comment, à travers les images poétiques, se joue une description précise de l'attitude et de la posture du personnage, à la fois par le biais des verbes et des adverbes (« *il se tenait le dos roidement calé contre le fauteuil* », « *juché* »), mais aussi par une peinture de la demeure (« *l'ultime marche du perron baroque* », « *terrasse* », « *sorte de palais tropical à l'altière stature* ») :
Assis à l'entrée de sa maison, il se tenait le dos roidement calé contre le fauteuil de rotin jauni, bas comme trône d'austère roi. On l'eût dit juché sur un pavois, l'ultime marche du perron baroque à force de maladresse, qui s'épanouissait en une terrasse inattendue. Une de ses fiertés, cette maison, sorte de palais tropical à l'altière stature, dont l'épaisse blancheur tyrannisait pour ainsi dire la forêt prochaine, la faisant paraître, non pas verte mais sombre et accablée tel un peuple opprimé [...].

Description physique du personnage et description spatiale de la demeure chez Mongo Beti, mais aussi possibilité de description des objets, même les plus usuels, comme chez Driss Chraïbi où chaque mot s'applique à la réalité que l'on cherche à évoquer (la description du fer à repasser moderne utilisé comme un fer à repasser ancien, symbole du choc culturel et des mutations de la société) :
C'était un fer à repasser, en acier chromé et brillant comme la joie. Electrique. Habituée aux plaques en fonte, ma mère le remit sur le brasero. Pour le chauffer. Si la résistance grilla, personne ne l'entendit. Les produits de la technologie ont-ils une âme ? Je l'ignore. Ce que je sais, c'est que ce fer à repasser ne dit rien quand il mourut, ne poussa pas un cri de douleur. [...] Mais, même cuit, il repassa toute une pile de linge. L'Art survit à l'homme, n'est-ce pas ? Mû comme par un skieur, il

glissa, glissa sur les serviettes, les draps, les mouchoirs, avec une aisance enthou-
siaste. Quand il eut fini sa tâche d'acier poli et civilisé, ma mère l'accrocha. A la
prise de courant. Pensive, elle considéra le résultat. Puis elle secoua la tête et me
dit :
— Tu vois, mon fils ? Ces Européens sont malins, ma foi oui. Ils ont prévu deux
trous, deux clous et un fil pour le suspendre après usage. Mais sans doute ne
connaissent-ils pas les maisons de chez nous. Sans cela ils auraient fabriqué un fil
plus court. (Driss Chraïbi, *La civilisation, ma mère !...*)

La précision nous invite donc à connaître la spécificité sémantique des termes et
à nous rendre compte que les mots sont uniques et non interchangeables. Elle
permet dans l'exemple ci-dessous une description minutieuse de l'œil par le
champ lexical qui lui est propre (« *globe* », « *arc du sourcil* », « *iris* »), description
croisée avec celle du travail de l'artiste (« *dessin à la mine de plomb* »,
« *agrandi* », « *en dégradé* », « *tracés* [...] *par la pointe effilée du crayon* »...) :
Un dessin à la mine de plomb de l'architecte Ledoux représente un œil démesuré-
ment agrandi, au globe soigneusement ombré en dégradé, surmonté par l'arc du
sourcil dont les poils ondulés sont tracés un à un par la pointe effilée du crayon.
Dans l'iris de l'œil, balayé en partie par un pinceau divergeant de lumière, se reflète
l'intérieur de l'opéra de Besançon dont les gradins et la galerie s'infléchissent en
courbes inverses de part et d'autre d'une ligne horizontale médiane. [...] *La galerie*
ornée de colonnes est séparée des gradins de l'amphithéâtre par une frise où sont
figurés en bas-relief des personnages vêtus de péplums. (Claude Simon, *Les*
Géorgiques)

Employer le mot exact pour désigner le phénomène ou l'objet que l'on veut
décrire est la garantie du bon fonctionnement de la communication et par
conséquent d'une rédaction qui sera efficace.

Pour éviter l'approximation

L'emploi des synonymes permet encore d'éviter l'approximation et par là même
une rédaction confuse ou ne désignant pas clairement son objet. De façon générale, la langue française possède des mots définis pour qualifier chaque chose. Si
celui qui collectionne les affiches s'appelle un *aquilaphile* ; celui qui recense les
blasons, un *héraldiste* ; les cafetières, un *cofféaphile* ; les cartes de téléphone, un
cartopiciste ; les informations sur les chemins de fer, un *ferrovipathe* ; les dessins
et peintures, un *moreau-nélatonien* ; les tickets de transport en commun, un
tesseravéhiculophile ; les pierres, un *pétrophile* ; les mignonnettes de boissons,
un *buticolamicrophile*..., c'est bien là le signe des ressources langagières du français pour désigner avec précision son objet !

C'est donc par le rejet de l'approximation que chacun peut tendre à améliorer son style en visant la justesse et la précision dans l'expression.

Exemples

Voici le descriptif par Francis Ponge de l'huître (extrait du recueil *Le Parti pris des choses*), dans une tentative de saisissement de l'objet dans sa globalité :

L'huître, de la grosseur d'un galet moyen, est d'une apparence plus rugueuse, d'une couleur moins unie, brillamment blanchâtre. C'est un monde opiniâtrement clos. Pourtant, on peut l'ouvrir : il faut alors la tenir au creux d'un torchon, se servir d'un couteau ébréché et peu franc, s'y reprendre à plusieurs fois. Les doigts curieux s'y coupent, s'y cassent les ongles : c'est un travail grossier. Les coups qu'on lui porte marquent son enveloppe de ronds blancs, d'une sorte de halos. A l'intérieur l'on trouve tout un monde, à boire et à manger : sous un firmament (à proprement parler) de nacre, les cieux d'en dessus s'affaissent sur les cieux d'en dessous, pour ne plus former qu'une mare, un sachet visqueux et verdâtre, qui flue et reflue à l'odeur et à la vue, frangé d'une dentelle noirâtre sur les bords. Parfois très rare une formule perle à leur gosier de nacre, d'où l'on trouve aussitôt à s'orner.

Autre exemple, celui de Georges Perec, qui illustre la précision lexicale, à la fois dans l'effet de liste des divers emplois exercés par Morellet mais aussi par le choix d'un vocabulaire technique qui vise au rejet de l'approximation :

Morellet avait une chambre sous les toits, au huitième. Sur sa porte on voyait encore, peint en vert, le numéro 17. Après avoir exercé divers métiers dont il se plaisait à débiter la liste sur un rythme de plus en plus accéléré, ajusteur, chansonnier, soutier, marin, professeur d'équitation, artiste de variété, chef d'orchestre, nettoyeur de jambons, saint, clown, soldat pendant cinq minutes, bedeau dans une église spiritualiste, et même figurant dans un des premiers courts métrages de Laurel et Hardy, Morellet était devenu, à vingt-neuf ans, préparateur de chimie à l'Ecole polytechnique. [...] Il offrit généreusement ses services et reçut d'innombrables commandes pour ses shampooings super-actifs, à cheveux ou à moquette, des détachants, des économiseurs d'énergie, des filtres pour cigarettes, des martingales de 421, des tisanes antitussives et autres produits miracles. Un soir de février mille neuf cent soixante, alors qu'il faisait chauffer dans une cocotte-minute un mélange de colophane et de carbure diterpénique destiné à l'obtention d'un savon dentifrice à goût de citron, l'appareil explosa. Morellet eut la main gauche déchiquetée et perdit trois doigts. (Georges Perec, La Vie mode d'emploi)

Pour alléger la syntaxe

Le recours à la synonymie joue aussi un rôle majeur dans le style par la possibilité qu'elle offre d'alléger la syntaxe : par exemple, moins de pronoms relatifs lèvent certaines ambiguïtés.

Exemple

Si, pour certains auteurs, il s'agit d'effets de style, nous vous dissuadons cependant d'adopter une rédaction saturée en pronoms relatifs, à l'image du texte ci-dessous qui multiplie les « *celui qui* ».

Ha ! toutes sortes d'hommes dans leurs voies et leurs façons [...]. **Celui qui** *tire son plaisir du timbre de sa voix,* **celui qui** *trouve son emploi dans la contemplation d'une pierre verte ;* **qui** *fait brûler pour son plaisir un feu d'écorces sur son toit ;* **qui** *se fait sur la terre un lit de feuilles odorantes,* **qui** *s'y couche et repose ;* **qui** *pense à des dessins de céramiques vertes pour des bassins d'eaux vives ; et* **celui qui** *a fait des voyages et songe à repartir ;* **qui** *a vécu dans un pays de grandes pluies ;* **qui** *joue aux dés, aux osselets, au jeu des gobelets ; ou* **qui** *a déployé sur le sol ses tables à calcul ;* **celui qui** *a des vues sur l'emploi d'une calebasse ;* **celui qui** *traîne un aigle mort comme un faix de branchages sur ses pas [...],* **celui qui** *récolte le pollen dans un vaisseau de bois [...] ;* **celui qui** *mange des beignets, des vers de palmes, des framboises ;* **celui qui** *aime le goût de l'estragon ;* **celui qui** *rêve d'un poivron ; ou bien encore* **celui qui** *mâche d'une gomme fossile,* **qui** *porte une conque à son oreille, et* **celui qui** *épie le parfum de génie aux cassures fraîches de la pierre ;* **celui qui** *pense au corps de femme, homme libidineux ;* **celui qui** *voit son âme au reflet d'une lame [...] ; bien mieux,* **celui qui** *ne fait rien [...],* **ceux qui** *récoltent dans les broussailles les œufs tiquetés de vert,* **ceux qui** *descendent de cheval pour ramasser des choses, des agates, une pierre bleue pâle que l'on taille à l'entrée des faubourgs [...] ;* **ceux qui** *peignent en sifflant des coffrets en plein air [...]... Ha ! toutes sortes d'hommes dans leurs voies et façons.* (Saint-John Perse, *Anabase*, X)

Pour être plus expressif

Beaucoup de personnes abusent de l'emploi des verbes *avoir, être, faire, mettre, dire, se trouver...*, et font un usage exagéré des pronoms, des conjonctions, des adverbes, de l'infinitif, de la construction *il y a*, du style passif (ex. : *il me semble que*) ainsi que des mots usuels comme *gens ou choses*. Ce qui a pour conséquence de donner à lire un texte sans expression, banal, dépourvu d'un style propre et ne mettant pas en valeur ses idées maîtresses par une rédaction appuyée.

Exemples

La lecture de cet extrait de *En attendant Godot* de Beckett illustre cet effet de pesanteur relatif aux « platitudes » du langage, ici volontairement provoqué.

Estragon : Qu'est-ce que tu as ?
Vladimir : Je n'ai rien.
Estragon : Moi je m'en vais.
Vladimir : Moi aussi.
Estragon : Il y a longtemps que je dormais ?
Vladimir : Je ne sais pas.
Estragon : Où irons-nous ?
Vladimir : Pas loin.
Estragon : Si, si, allons-nous-en loin d'ici !
Vladimir : On ne peut pas.
Estragon : Pourquoi ?
Vladimir : Il faut revenir demain.
Estragon : Pour quoi faire ?
Vladimir : Attendre Godot.
Estragon : C'est vrai. [...] Il n'est pas venu ?
Vladimir : Non.
Estragon : Et maintenant il est trop tard.
Vladimir : Oui, c'est la nuit.

Ainsi les verbes et les substantifs trop lâches sémantiquement (*faire, pouvoir, avoir*), le recours à l'indéfini (*on*), la construction « *il y a* » qui sont présents ici marquent bien comment on peut appauvrir son style en ne le rendant pas suffisamment expressif.

A l'inverse, le texte de Michaux (extrait de *Qui je fus*), qui emploie des constructions et des mots absents de la langue française, rend compte de la possibilité de création et d'expression verbale dont dispose la langue, même si on la dépossède de tout sens :

Il l'emparouille et l'endosque contre terre ;
Il le rague et le roupète jusqu'à son drâle ;
Il le pratèle et le libucque et lui barufle les ouillais ;
Il le tocarde et le marmine,
Le manage rape à ri et ripe à ra.
Enfin il l'écorcobalisse.
L'autre hésite, s'espudrine, se défaisse, se torse et se ruine.

C'en sera bientôt fini de lui ;
Il se reprise et s'emmargine... mais en vain
Le cerceau tombe qui a tant roulé.

Ainsi, à la lecture comparée des textes de Beckett et de Michaux, on voit bien à quel point le langage a un pouvoir sur le message qu'il souhaite faire passer et comment les émotions ressenties à la lecture de ces deux extraits peuvent différer. En effet, il suffit de peu de moyens pour que la tonalité, l'impact, la force d'une rédaction soit modifiée et pour que le style gagne en efficacité et en beauté. La substitution d'un mot par un autre permet ainsi d'avoir accès à un langage plus soutenu, de respecter les conventions lexicales, de bannir l'approximation, d'alléger la syntaxe et d'être plus expressif.

Il convient à présent de comprendre comment ces substitutions peuvent se faire de façon pratique dans la rédaction et comment le style d'un écrit peut être facilement amélioré grâce à ces modifications qui doivent devenir des alternatives à des impasses rédactionnelles.

La substitution : un réflexe à adopter

Voici quelques conseils pratiques et techniques que vous pourrez appliquer dans votre rédaction afin d'améliorer votre style par le recours au remplacement et à la substitution.

Remplacer un mot du langage vulgaire ou courant par un mot soutenu

Nous l'avons déjà évoqué : il s'agit tout d'abord de veiller à l'harmonie lexicale en remplaçant un mot du langage vulgaire ou courant par un mot soutenu. Pour ce faire, il convient de bannir les ruptures de style et de niveau de langage de sorte que tous les termes réunis au sein d'une même phrase ou d'un même paragraphe aient en commun un même niveau de langage et appartiennent au même champ lexical et au même registre de langage. C'est pourquoi il faut traquer les termes qui peuvent faire rupture et les remplacer par d'autres, s'intégrant davantage dans l'ensemble du passage.

Le texte ci-dessous illustre cette technique de remplacement d'un mot du langage vulgaire ou courant par un mot soutenu :

Vous m'agacez. Vous m'agacez de plus en plus. Je ferais mieux de la fermer, ma grande gueule, mais il y a des moments où même les saints ne peuvent plus se contenir, et je ne suis pas un saint, vous le savez de première main, et quand je vous vois vous acharner à vous mener vous-même en barque, quand je vous vois avec votre regard, comment dites-vous ? limpide, avec votre cœur farci de justice, quand je vous vois vous enfoncer dans le mensonge, dans le nuage, non que vous mentiez, halte là ! je n'ai pas dit ça ! mais parce que vous n'arrêtez pas de prendre le faux pour le vrai, de choisir le faux, de préférer le faux, j'ai envie de la prendre votre tête [...] et de la poser [...] devant la vérité, la véritable vérité. (Jacques Audiberti, *Le Mal court*)

Vous m'irritez. Vous m'insupportez chaque fois davantage. Il est préférable de me taire, mais il y a des moments où même les saints ne peuvent plus se contenir, et je ne suis pas de ceux-là, vous ne le savez que trop bien, et lorsque je vous vois vous acharner à vous leurrer vous-même, quand je vous vois avec votre regard, comment dites-vous ? limpide, avec votre cœur empli de justice, quand je vous vois vous enfoncer dans le mensonge, dans le nuage, non que vous mentiez, halte là ! je n'ai pas dit cela ! mais parce que vous n'arrêtez pas de prendre le faux pour le vrai, de choisir le faux, de préférer le faux, j'ai envie de prendre votre tête [...] et de la placer [...] face à la vérité, l'authentique vérité. (texte corrigé)

Ainsi, substituer un mot par un autre permet de faire cohabiter harmonieusement les vocables, cohabitation rendue d'autant plus facile par le fait que la langue française multiplie les possibilités de substitution par un vocabulaire riche et varié.
Par exemple : *chialer* et *brailler* peuvent avantageusement être remplacés par *pleurer, pleurnicher, sangloter, hoqueter, larmoyer, gémir, se lamenter, s'apitoyer, implorer* ; *moufter, râler, rouspéter* par *protester, se plaindre, s'opposer à, s'élever contre, s'indigner* ; *rabâcher* » par « *redire, ressasser, réitérer* ; *nul, mauvais* par *médiocre, imparfait, déplorable, désastreux, défectueux...*

Reformuler sans répéter

Visant, le plus souvent, des effets d'insistance ou des fonctions de clarification, la répétition peut cependant irriter le lecteur ou le correcteur et produire un style lourd et emprunté. C'est pourquoi nous conseillons de bannir les répétitions même si les textes littéraires utilisent fortement la polyptote (répétition en début de mots), l'homéotéleute (répétition en fin de mots), l'anaphore, pour créer des effets comiques, rhétoriques, d'insistance, de supplication, de rythme, de « balise », de détente...
Il est toutefois possible de conserver une redondance, à condition qu'elle soit concertée et qu'elle porte sur une répétition d'idée. Il s'agira dès lors, grâce à la

synonymie, de rappeler l'idée évoquée sans pour autant la répéter et provoquer chez le lecteur un sentiment de lassitude. En reformulant sans répéter *stricto sensu*, vous pourrez alors parvenir à créer certains effets.

Créer un phénomène d'attente

Bien utilisée, la redondance peut créer un phénomène d'attente et de détente favorable à la réception du message par le lecteur.

Exemple :
*Tout ceci nous conduit à l'explicitation de la célèbre **guerre économique**. Réelle, elle est cependant parfois éloignée des images que l'on peut s'en forger. Récusons l'idée fantasmatique d'une **guerre** déclenchée, contre les pays européens, par les pays de l'OPEP, puis par les dragons ou nouveaux dragons asiatiques. **La guerre économique** est en réalité celle que les pays développés mènent entre eux, guerre dont les victimes, avant les chômeurs de nos pays, sont les populations des pays en développement. Ses causes ne sont pas **économiques**, au sens strict du terme : la guerre n'a pas pour objectif d'accroître notre part dans une répartition des ressources rares.*

Rappeler une idée importante

La répétition textuelle, mise à distance, peut alors mettre l'accent sur une phrase essentielle qui insiste et rappelle l'idée principale que l'on cherche à développer.

Exemple :
***L'homogénéisation** des demandes est considérée souvent comme un des facteurs importants de la **mondialisation**. La **convergence** des besoins et des goûts est sans aucun doute un des aspects de la **mondialisation** mais elle est autant un effet induit qu'un moteur du phénomène. Les entreprises ont activement cherché à imposer des produits **standardisés** qui leur permettent d'exploiter les économies d'échelle importantes de certains secteurs ou de rentabiliser des coûts fixes croissants, mais elles sont d'autant plus poussées à s'engager dans cette voie que les marchés **se mondialisent**.*

Construire un effet architectonique

La redondance aide aussi à construire un effet architectonique ; répétée en attaque de phrases consécutives, l'idée clef peut marteler le propos et lui donner plus de poids.

Exemple :
Nous étions faits pour être libres
Nous étions faits pour être heureux
Comme la vitre pour le givre
Et les vêpres pour les aveux
Comme la grive pour être ivre
Le printemps pour être amoureux
Nous étions faits pour être libres
Nous étions faits pour être heureux.
(Louis Aragon, *Elsa*)

Clarifier le propos

La reprise de moules de phrases identiques peut encore contribuer, par la répétition de structures syntaxiques équivalentes, à clarifier le propos en jouant sur le parallélisme et le balancement.

Exemple :
*Très vite dans ma vie il a été **trop tard**. A **dix-huit ans** il était déjà trop tard. Entre **dix-huit** et vingt-cinq ans mon visage est parti dans une direction imprévue. A **dix-huit ans** j'ai vieilli.* (Marguerite Duras, *L'Amant*)

Persuader en martelant

De même, la répétition d'idées en des termes différents mais grammaticalement semblables concourt à un effet d'imprégnation par une rhétorique de la persuasion. Par exemple : *Cet homme n'était pas ventripotent, rondouillard, enveloppé, volumineux, proéminent, gros, replet, épais, corpulent, ventru, pansu, dodu,... Il était obèse !*

Créer des effets rythmiques

Enfin, bien employée, la redondance peut créer des effets rythmiques destinés à faire varier le style et multiplier les ressources expressives de la rédaction.

Exemple :
Et je parle, je travaille, je dévide, je déroule, je calcule, je médite, je tresse, je vanne, je tricote, je natte, je croise, je passe, je repasse, je noue et dénoue et renoue, retenant les moindres nœuds qu'il me faudra te dénouer ensuite sous peine de mort ; et je serre, je desserre, je me trompe, je reviens sur mes pas, j'hésite, je corrige, enchevêtre, désenchevêtre, délace, entrelace, repars, et j'ajuste, j'agglutine, je garrotte, je sangle, j'entrave, j'accumule, jusqu'à ce que tu te sentes, de la pointe des pieds à

la racine des cheveux, vêtu de toutes les boucles d'un seul reptile dont la moindre respiration coupe la tienne et te rende pareil au bras inerte sur lequel un dormeur s'est endormi. (Jean Cocteau, *La Machine infernale*)

Il s'agit donc, nous le voyons bien ici, de refuser la répétition simple pour lui préférer une redondance d'idée ou de structure. Il s'agit encore d'alléger le style dans un souci d'efficacité et de fluidité.

Alléger les propositions relatives

Nombreuses sont les personnes qui multiplient les relatives en pensant donner l'illusion d'un style soutenu. Bien utilisée, la relative contribue, en effet, à créer un effet d'organisation de la pensée et de ramification subtile des idées.

Exemple :
De ces deux principes d'association que sont la cooptation et la légitimation – qui sont très différenciés –, il découle que la société locale, qui est constitutive des systèmes de l'Etat, est par nature l'antithèse de la société tribale ou du clan qui se fonde sur la valorisation des membres indigènes et des critères identitaires alors que la cooptation et la légitimation sont des principes qui tolèrent la captation de valeurs allogènes.

Alourdissant le style, le recours aux relatives doit se faire avec discernement pour ne pas nuire à la fluidité et au rythme de la rédaction. C'est pourquoi nous conseillons ici de substituer le plus souvent possible les relatives qui, mal employées, peuvent provoquer l'effet inverse de celui escompté.

D'où la possibilité de transformer l'extrait ci-dessus en :
De ces deux principes d'association fort différenciés, cooptation et légitimation, il découle que la société locale constitutive des systèmes d'Etat est, par nature, l'antithèse de la société tribale ou du clan ; la première tolérant la captation de valeurs allogènes, la seconde se fondant sur la valorisation des membres indigènes et des critères identitaires.

Ainsi, pour alléger la rédaction, il est souvent possible de remplacer une relative par une autre structure.

Le recours à l'adjectif

Le recours à l'adjectif permet en effet d'améliorer le style de cette phrase extraite d'une copie d'étudiant :
*C'est ce que le peuple craignait. Et les discours **qui allaient venir** seraient les pires.*
→ *C'est ce que le peuple craignait. Et les discours **ultérieurs** seraient les pires.*

La mise en apposition d'un substantif

*Les fouilles **qu'il a faites** sur le chantier d'Albi n'ont pas donné de résultats probants.*
→ *Les fouilles, **effectuées** sur le chantier d'Albi, n'ont pas donné de résultats probants.*

L'introduction d'un adjectif suivi d'un complément

*Les **aliments qui ne doivent pas être consommés** après le délai autorisé doivent être détruits.*
→ *Les aliments **impropres à la consommation** après le délai autorisé doivent être détruits.*

La substitution par un participe suivi d'un complément

La phrase « *C'était une extravagante **qui portait** d'affreux chapeaux ridicules* » peut ainsi être transposée en « *C'était une extravagante **coiffée** d'affreux chapeaux ridicules* » ; tout comme l'expression « *une situation **qui n'a pas** d'enjeux* » devient habilement, par le recours à un participe passé suivi d'un complément, « *une situation **dépourvue** d'enjeux* ».

Le remplacement par une préposition seule ou d'une préposition suivie d'un substantif

Ainsi, dans la phrase « *un médecin **qui donne** de bons conseils* », la relative peut être substituée par une préposition suivie d'un substantif (ici il s'agit d'un groupe nominal : substantif + adjectif) : « *un médecin **de** bons conseils* ».

Des participes présents qui doivent parfois être absents

L'emploi du participe présent peut lui aussi conduire à un style problématique. En effet, s'il contribue à rendre compte d'une action qui se fait dans le temps et dans la complexité événementielle, il peut, s'il est trop fortement employé, produire un style lourd et une syntaxe encombrée.

C'est pourquoi nous vous incitons à opter pour les substitutions suivantes :

Rêvant à la tournure que prenaient ses affaires et pensant à ce qu'il pourrait devenir, il se disait, chemin faisant, qu'il pourrait, en travaillant, établir un petit pécule.
→ **Alors qu'il rêvait à la tournure que prenaient ses affaires et à son devenir**, *il se disait* **en chemin** *qu'il pourrait,* **avec du travail**, *établir un petit pécule.*

Jongler avec les adverbes

Là encore, il est nécessaire d'employer les adverbes avec mesure sous peine d'alourdir le style. Comment les remplacer ?

Remplacer le verbe + adverbe par un verbe seul

Ils détruisirent **complètement** *l'équilibre naturel.*
→ *Ils anéantirent (supprimèrent/tuèrent) l'équilibre naturel.*

Remplacer le verbe + adverbe par un adjectif + substantif

Après être partis **précipitamment***...*
→ *Après un départ précipité...*

Remplacer l'adverbe par une préposition + substantif

Elle prit congé **brièvement.**
→ *Elle prit congé avec brièveté.*

Si le recours à la substitution semble problématique ou si vous préférez conserver un adverbe dans votre phrase, vous pouvez encore avoir recours à la synonymie pour donner l'illusion de variété et de diversité à votre propos. La langue française possède de multiples adverbes. Libre à vous d'en choisir parmi la liste indicative proposée ci-dessous.

Adverbes exprimant la quantité : *assez, autant, beaucoup, davantage, à demi, encore, environ, moins, à tout le moins, à moitié, pas du tout, à peine, peu, peu à peu, peu ou prou, plus, plus ou moins, le moins possible, presque, quasi, tant, tellement, tout, tout à fait, très, trop, uniquement, seulement...*

Adverbes de lieu : *ailleurs, alentour, en amont, ci-après, en arrière, autour, avant, en bas, çà, çà et là, ci-contre, côte à côte, en deçà, dedans, dehors, au-dehors,* *delà, derrière, au-dessous, dessus, devant, par devant, à droite, en face, en haut, ici, ici-bas, jusque-là, là-haut, de loin, au milieu, où, autre part, partout, près...*

Adverbes de temps : *d'abord, actuellement, après, aujourd'hui, autrefois, avant, sur-le-champ, déjà, demain, depuis, désormais, dorénavant, enfin, ensuite, hier, illico, immédiatement, jadis, jamais, aussitôt, longtemps, dès lors, maintenant, naguère, de nouveau, d'ores et déjà, parfois, à présent, coup sur coup, là-dessus, quelquefois, sitôt, soudain, souvent, tard, en même temps, entre-temps, toujours, tôt, tout à coup, tout de suite...*

Adverbes signifiant l'affirmation : *nécessairement, forcément, probablement, à coup sûr, certainement, peut-être, assurément, sans aucun doute, possiblement, vraisemblablement, effectivement, apparemment, d'accord, bien sûr, certes, en effet, évidemment, en vérité, volontiers, vraiment, sûrement...*

Adverbes marquant la restriction : *ne... plus que, ne... que, ne... rien que, seulement, cependant, pourtant, quelquefois, toutefois, néanmoins...*

Adverbes de négation : *aucunement, jamais, ne, ne... guère, ne... jamais, ne... pas, ne... pas trop, ne... plus, ne... point, ne... rien, non, nullement, pas du tout...*

Adverbes marquant l'ordre : *d'abord, antérieurement, a posteriori, après, a priori, auparavant, avant, enfin, ensuite, finalement, postérieurement, ultérieurement...*

Adverbes d'interrogation : *Combien ? Comment ? Est-ce que ? Où ? Jusqu'où ? Pourquoi ? Quand ? Jusqu'à quand ?...*

Adverbes d'exclamation : *Combien ! Comme ! Que !...*

Adverbes marquant l'alternative : *autant... autant, moins... plus, non seulement... mais, plus... plus, sitôt... sitôt, tant... tant...*

Adverbes soulignant la conséquence : *ainsi, a fortiori, en effet, par conséquent, dès lors...*

Jouer avec les locutions conjonctives et les prépositions

Les locutions conjonctives : une pléthore de variations

Aussi nombreuses que les adverbes, on ne dénombre pas moins de 350 locutions conjonctives.

De façon indicative, mentionnons : *afin que, ainsi que, alors que, après que, en attendant que, aussitôt que, pour autant que, avant que, bien que, au cas où, cependant que, comme si, à condition que, de crainte que, de ce que, en dépit que, depuis que, dès que, encore que, de façon que, à seule fin que, chaque fois que, du jour où, jusqu'à ce que, aussi longtemps que, dès lors que, de manière que, même si, à mesure que, moins que, au moment où, non que, d'où que, parce que, pendant que, de peur que, plutôt que, au point que, pour ce que, pour que, pourvu que, sous prétexte que, quant à ce que, sans que, selon que, sauf si, soit que, de sorte que, suivant que, en supposant que, tandis que, tant que, jusqu'à tant que, tellement que, du temps que, trop pour que, vu que...*

Les prépositions : faire jouer les charnières

La préposition est la charnière entre un mot (nom ou verbe) et son complément (dit « indirect »). Deux prépositions sont largement employées : *à* et *de*. Cependant, pour améliorer son style, on peut rechercher d'autres prépositions pouvant produire des effets de variété et proposer un registre plus élevé.

Les prépositions simples : *à, après, avant, avec, chez, comme, contre, dans, de, deçà, dedans, delà, depuis, derrière, dès, dessous, dessus, devant, en, endéans, entre, envers, environ, ès, ex., fors, hormis, hors, in, jouxte, jusque, malgré, moins, nonobstant, outre, par, parmi, pour, près, proche, sans, sauf, selon, sous, sur, sus, vers, via...*

Les participes employés comme prépositions :
● participes présents : *concernant, durant, étant donné, étant entendu, moyennant, pendant, suivant, touchant...*
● participes passés : *approuvé, attendu, ci-inclus, entendu, eu égard à, excepté, passé, supposé, y compris...*
A noter : dans cet emploi, ces participes sont invariables.

Les locutions prépositives : là encore, le choix est grand puisqu'on en dénombre près de 450.
Voici les plus employées : *afin de, antérieurement à, d'après, auprès de, autour de, avant de, au bas de, à cause de, au cœur de, à condition de, conformément à, au contraire de, à côté de, au cours de, de crainte de, à dater de, en deçà de, au-dedans de, en dehors de, au-delà de, par-delà, en dépit de, au-dessous de, au-dessus de, par-dessus, au détriment de, au-devant de, par-devers, à l'égard de, par égard pour, à l'encontre de, à l'exception de, face à, faute de, grâce à, en guise de, hors de, à l'image de, à l'instar de, à l'insu de, à l'intention de, à l'inverse de, à l'issue de, lors de, à la manière de, au mépris de, à l'occasion de, de par, parallèlement à, à part, sous peine de, au péril de, à portée de, postérieurement à, de préférence*

à, en présence de, sous prétexte de, au profit de, à propos de, en qualité de, à raison de, en raison de, par rapport à, relativement à, au risque de, sauf à, au sujet de, en sus de, en tant que, en temps de, à titre de, en vertu de, en vue de...

Une causalité qui n'est jamais une fatalité

Les expressions du rapport de causalité, trop souvent rendues par *parce que* ou *car*, peuvent être le lieu d'une amélioration stylistique notable. En effet, le rapport de causalité peut s'exprimer de différentes façons qu'il convient de connaître afin de les réutiliser à bon escient dans la rédaction.

Il est possible de rendre compte du rapport de causalité de plusieurs manières. Nous partirons d'une même séquence que nous ferons varier afin d'illustrer toutes les possibilités d'expression inhérentes au rapport de causalité.

Subordonnée circonstancielle de cause

Comme il est courageux, il a immédiatement sauvé l'enfant qui se noyait.

Groupe nominal introduit par une préposition

Grâce à son courage, il a immédiatement sauvé l'enfant qui se noyait.

Relative déterminative formée à partir d'un groupe nominal

Avec le courage qu'il a, il a immédiatement sauvé l'enfant qui se noyait.

Subordonnée introduite par un adjectif + *que/comme*

Courageux comme il est, il a immédiatement sauvé l'enfant qui se noyait.

Relative déterminative formée à partir d'un groupe nominal

Avec le courage qui est le sien, il a immédiatement sauvé l'enfant qui se noyait.

Proposition participiale en relation avec la principale

Son courage n'étant plus à démontrer, il a immédiatement sauvé l'enfant qui se noyait.

Proposition participiale en construction absolue

Le courage aidant, il a immédiatement sauvé l'enfant qui se noyait.

Relative explicative insérée dans la principale

Cet homme, qui est connu pour son courage, a immédiatement sauvé l'enfant qui se noyait.

Groupe adjectival avec épithète détachée

Courageux, il a immédiatement sauvé l'enfant qui se noyait.

Groupe nominal juxtaposé n'étant pas introduit par une préposition

Il a immédiatement sauvé l'enfant qui se noyait, son courage probablement.

Groupe nominal disjonctif détaché n'étant pas introduit par une préposition

Peur ou courage, il a immédiatement sauvé l'enfant qui se noyait.

Groupe nominal complément du nom

Cet homme au courage exemplaire a immédiatement sauvé l'enfant qui se noyait.

Recours à un verbe explicite

Le sauvetage de l'enfant qui se noyait tient essentiellement au courage de cet homme.

Juxtaposition

Il a immédiatement sauvé l'enfant qui se noyait : il est si courageux.

Coordination

Il a immédiatement sauvé l'enfant qui se noyait ; il est en effet si courageux.

Si... c'est que

S'il a immédiatement sauvé l'enfant qui se noyait, c'est qu'il est courageux.

Refuser le flou sémantique de « être », « il y a », « avoir » et « ceci, cela »

Nous l'avons déjà signalé : le recours abusif aux verbes *être* et *avoir* ainsi qu'à l'expression *il y a* appauvrit le style. C'est pourquoi nous vous encourageons à leur préférer des termes imagés et suggestifs qui ont l'avantage de proposer une expression distinctive, variée et illustrée.

Il y a

Dans nos rapports, il y a des tensions.
→ *Des tensions se sont immiscées dans nos rapports.*
Dans le gâteau, il y a des œufs.
→ *Dans le gâteau, des œufs sont incorporés.*
A Rio, il y a le Pain de Sucre qui domine la ville.
→ *A Rio, le Pain de Sucre surplombe la ville.*
Il y aura Laura et Jean.
→ *Seront présents Laura et Jean.*

Etre

Il est fatigué.
→ *Il se sent fatigué.*
La difficulté est son acharnement.
→ *La difficulté réside dans son acharnement.*
Il est de plus en plus difficile à satisfaire.
→ *Il devient de plus en plus difficile à satisfaire.*
Il est loin de sa mère.
→ *Il réside loin de sa mère.*

Avoir

Il a un gros chagrin.
→ *Il ressent (éprouve/ressent) un gros chagrin.*
Il a un salaire important.
→ *Il perçoit (gagne/touche/reçoit) un salaire important.*
Elle a une robe jaune.
→ *Elle porte (possède/arbore/revêt/est vêtue d') une robe jaune.*
Patrice a des ambitions.
→ *Patrice nourrit (entretient/poursuit) des ambitions.*

Le recours à la locution verbale, souvent négligé, peut encore permettre de donner plus de précision à l'expression et de la rendre plus imagée. Ainsi, à côté des verbes simples déjà évoqués (*avoir, être, prendre, savoir...*), on peut non seulement utiliser un autre verbe mais aussi des locutions verbales, c'est-à-dire deux ou trois mots regroupés et qui ont une valeur de verbe simple. Ainsi, *faire fi de* peut se substituer avantageusement à *mépriser, se faire fort de* à *se targuer*, lui-même préférable à *prétendre*.

Voici quelques exemples de locutions verbales que l'on peut avantageusement substituer à d'autres verbes simples : *ajouter foi, aller chercher, aller de pair, avoir accès, avoir affaire, avoir beau, avoir pour but, n'avoir de cesse, avoir à cœur, avoir confiance, avoir envie, avoir lieu, avoir partie liée, couper court, donner cours, donner lieu, donner prise, entendre raison, être en butte, être fondé, faire accroire, faire défaut, faire état, faire fonction, faire illusion, se faire jour, faire preuve, ne pas se lasser d'être, menacer ruine, mettre bas, passer sous silence, prendre à partie, savoir gré...*

Ceci et cela

Les démonstratifs *ceci* et *cela* peuvent eux aussi être aisément remplacés :
• Soit en trouvant un substantif plus précis.
Ex. : *Ils prirent le parti d'en rire ;* **cela** *ne l'en affecta pour rien au monde.*
→ *Ils prirent le parti d'en rire et* **cette réaction** *ne l'en affecta pour rien au monde ;*
• Soit en modifiant la structure de la phrase.
Ex. : *Ils prirent le parti d'en rire,* **ce qui** *ne l'affecta pour rien au monde.*

Ciseler les adjectifs

Autre point important pour l'amélioration du style : le travail sur les adjectifs. Vous noterez combien les textes littéraires leur apportent un grand soin et une grande attention dans leur souci d'expressivité et de beauté du style.

Exemple :
Voici quelle est la donnée du tableau : un coin de la Meuse probablement ; à droite un terrain **étagé** *avec des arbres, des maisons, et pour sommet le noir moulin, ses bras au vent, montant haut dans la toile ; une estacade contre laquelle vient onduler assez doucement l'eau du fleuve, une eau* **sourde, molle, admirable** *; un* **petit** *coin d'horizon* **perdu, très tenu et très ferme, très pâle et très distinct,** *sur lequel s'élève la voile* **blanche** *d'un bateau, une voile* **plate,** *sans aucun vent dans sa toile, d'une valeur* **douce** *et tout à fait* **exquise.** *[...] Pour ainsi dire pas de lumière nulle part dans cette tonalité* **puissante,** *composée de* **bruns foncés** *et de couleurs*

ardoisées sombres [...]. *Grand* tableau **carré, grave et silencieux** *dans l'or.*
(Eugène Fromentin, *Les Maîtres d'autrefois*)

Comme son nom l'indique, l'adjectif est un mot « adjoint » qui vient s'ajouter à un autre mot pour lui apporter une précision de sens. Si son expression est facultative, il peut cependant aider à modifier (précision, mise en relief, valeur d'expressivité...) le mot auquel il se rapporte.

On peut différencier deux types d'adjectifs :
● Les **adjectifs objectifs** qui indiquent une propriété reconnue par un ensemble de personnes.
Ex. : *un sac marron*.
● Les **adjectifs subjectifs** qui traduisent la position de l'énonciateur et marquent son appréciation.
Ex. : *une promenade merveilleuse*.

L'adjectif peut avoir trois fonctions dans la phrase, fonctions qu'il convient de connaître afin de faire varier ses emplois :
● **L'adjectif épithète liée** : il est placé dans la proximité immédiate du substantif et n'est détaché par aucune pause. Il indique une propriété constante du nom comme dans l'exemple : *Les exposés volumineux seront à bannir.* Cette propriété peut être restrictive (comme dans l'exemple ci-dessus : seuls les exposés trop longs sont concernés par l'interdiction) ou non restrictive lorsque l'adjectif fournit une indication qui n'est pas essentielle dans la phrase (ex. : *Il prit sa veste élimée et sortit*).
● **L'adjectif épithète détachée** : il est séparé du substantif par une pause importante, en général marquée par la virgule, et, à la différence de l'adjectif épithète liée, il est mobile dans la phrase. Il évoque des propriétés transitoires et a souvent une valeur circonstancielle. Il est un outil indispensable dans le travail sur le style puisqu'il permet des jeux de rythme (balancements, ruptures) et concourt à des mises en valeur en prenant des valeurs différentes. Ainsi, il peut avoir une nuance de cause (ex. : *Pressé par le temps, il n'a pu terminer son devoir*), de manière (ex. : *Troublé, il restait silencieux*) ou de concession (ex. : *Fatigué, il tint néanmoins à terminer la course*).
● **L'adjectif attribut**, contrairement à l'adjectif épithète (détachée ou liée), se rattache au groupe verbal. Il peut soit qualifier le sujet de façon directe (ex. : *Ce repas est exquis*) ou indirecte (ex. : *Ce restaurant passe pour exceptionnel*) ; soit qualifier le complément d'objet : *Je la trouve sublime.* Si l'attribut du sujet direct est connu, l'emploi indirect ou en fonction d'attribut de l'objet l'est moins. Ils peuvent constituer des manières élégantes de faire varier le style en apportant des solutions à une syntaxe trop simple ou à un rythme de phrase trop monotone.

Précisons encore que l'adjectif peut être lui-même à la tête d'un groupe adjectival, ce qui permet de spécifier davantage le sens des mots et d'éviter le recours à une syntaxe trop lourde. Ainsi, certains compléments sont essentiels à l'adjectif et le choix de la préposition n'est jamais libre (ex. : *désireux de, soucieux de, prêt à, porté vers...*). D'autres sont facultatifs et interviennent pour apporter des compléments informatifs à l'adjectif (ex. : *Il est connu en Europe pour avoir développé une théorie économique sur le libre-échange*).

Ainsi, le recours à l'adjectif et à ses compléments permet d'étoffer le groupe substantif tout en apportant variété, précision et emphase.

Exemples :
Elle aime travailler en silence pour faire du travail sérieux et bien fait.
→ *Il lui est cher de travailler en silence, soucieuse du labeur bien accompli et désireuse de bien faire.*
Cet ouvrage qui est facile à consulter aide à trouver la réponse rapide et précise aux questions qui se posent en général lorsque l'on écrit aujourd'hui ou lorsque l'on parle.
→ *Cet ouvrage, de consultation aisée, permet de trouver rapidement la réponse précise aux questions qui se présentent couramment dans la pratique écrite et orale du français d'aujourd'hui.*

Convertir les catégories grammaticales

Trop d'étudiants ignorent encore les possibilités de conversion des catégories grammaticales, atout majeur pour améliorer la rédaction et diversifier l'expression. Les techniques sont simples et facilement applicables, à l'image des exemples fournis ci-dessous.

Nominaliser les verbes

Il avait envie d'être écouté.
→ *Il avait envie d'écoute.*
Ce qu'il souhaitait par-dessus tout c'était d'être reconnu.
→ *Ce qu'il souhaitait par-dessus tout : la reconnaissance.*

Faire varier la complémentation

Elle prit un congé de maternité de deux mois.
→ *Elle prit deux mois de congés maternité.*
Il essayait d'abandonner sur ce banc crasseux de tramway ses jambes gigantesques et ses mains tremblantes qui ressemblaient à celle d'un boxeur affamé.

→ *Il essayait d'abandonner sur ce banc crasseux de tramway ses jambes gigantesques et ses mains tremblantes de boxeur affamé.* (Aimé Césaire, *Cahier d'un retour au pays natal*)

Adjoindre un adjectif à un nom, adverbe ou verbe

C'était une maison où rentrait beaucoup de lumière.
→ *C'était une maison lumineuse.*
Elle portait des rubans dans ses cheveux coiffés en tresses.
→ *Elle portait des rubans dans ses cheveux tressés.*

Adjectiver les adverbes

Il était extrêmement désespéré.
→ *Son désespoir était extrême.*
Il avait énormément faim.
→ *Sa faim était énorme.*

Adverbialiser les compléments de manière

Elle tourna les pages avec patience.
→ *Elle tourna les pages patiemment.*
Le chien montait la garde avec crainte.
→ *Le chien montait la garde craintivement.*

Conclusions pratiques

Pour atteindre à l'harmonie lexicale, il faut prêter attention à la recherche d'un vocabulaire équilibré :
● tous les mots de la phrase doivent appartenir à un niveau de langage relativement semblable ;
● ils doivent se rattacher à un même champ lexical ;
● ils doivent appartenir au même registre de langue.

Attention aux déséquilibres : penser à bien répartir les verbes, noms, adjectifs, conjonctions, adverbes et prépositions. Il ne s'agit pas de donner lieu à une profusion ou à une pénurie. Le sentiment de manque ou de saturation peut faire naître un malaise chez le lecteur. La densité de certaines catégories de mots peut :
● conduire à réduire la lisibilité d'un texte ;
● engendrer des ambiguïtés ;
● provoquer la lassitude du lecteur.

D'où la nécessité de bien se connaître. Si l'on sait que l'on abuse des adverbes en –*ment*, il convient de tenter d'adopter d'autres méthodes pour exprimer la manière. Il est donc essentiel d'être conscient des choix que l'on effectue pour exprimer les choses.

Concrètement, il faut bien se relire et vérifier si :
- l'on n'a pas abusé de certains types de mots ;
- l'on n'en a pas négligé d'autres ;
- l'on a bien distribué les différents types de mots.

3. Jouer avec la phrase

Changer l'ordre canonique de la phrase

L'ordre classique de la phrase assertive en français repose sur la répartition suivante :
Sujet + verbe + complément direct ou attribut/complément d'objet indirect/compléments circonstanciels

La phrase, lorsqu'elle suit l'ordre ci-dessus, est dite « linéaire » : les éléments s'enchaînent les uns aux autres sans pause forte. Cependant, si certains éléments occupent d'habitude une place fixe (sujet, verbe, complément d'objet direct, attribut), d'autres peuvent avoir une place mobile. Afin d'atteindre une rédaction plus élégante ou une mise en évidence de certains syntagmes, on peut tenter de bousculer l'ordre de la phrase classique en déplaçant les éléments mobiles. On peut alors avoir recours à plusieurs procédés afin de modifier la place respective des éléments qui composent la phrase classique.

L'inversion

Il s'agit de modifier l'ordre des constituants de la phrase classique.

● On peut ainsi changer la place du complément circonstanciel considéré comme un élément mobile. De fait, on va insister sur le lieu, le temps, la manière, le but...

Exemples :
Il a travaillé toutes les nuits.
→ *Toutes les nuits, il a travaillé.*
Ils s'est couché près de toi.
→ *Près de toi il s'est couché.*
Il a cueilli cette rose pour Hélène.
→ *Pour Hélène, il a cueilli cette rose.*
Il est parti avec empressement et précipitation.
→ *Avec empressement et précipitation il est parti.*

● On peut également cumuler les compléments circonstanciels et jouer sur la place qu'ils occupent dans la phrase.

Exemples :
Il a travaillé toutes les nuits, près de toi, avec empressement et précipitation.

Près de toi, il a travaillé toutes les nuits, avec empressement et précipitation.
Avec empressement et précipitation, près de toi et toutes les nuits, il a travaillé.
Toutes les nuits, près de toi, il a travaillé avec empressement et précipitation.

On peut ainsi faire varier les combinaisons jusqu'à obtenir le style et la disposition syntaxique souhaités.

L'antéposition

Il s'agit de privilégier un élément du message et de le « propulse »r en position de sujet.

- On peut ainsi modifier la place de l'attribut.
Ex. : *Ils étaient tous soucieux du déroulement de la soirée.*
→ *Soucieux, ils l'étaient tous du déroulement de la soirée.*

- On peut inverser la position du complément du nom.
Ex. : *Ils appréciaient le goût des fruits fraîchement cueillis.*
→ *Des fruits fraîchement cueillis, ils en appréciaient le goût.*

- On peut encore travailler sur la place du complément d'objet direct.
Ex. : *Je n'approuve pas cette idée-là.*
→ *Cette idée-là, je ne l'approuve pas.*

- On peut enfin privilégier l'antéposition pour le complément d'objet indirect.
Ex. : *Il pensait très souvent à elle, le regard perdu vers l'infini de l'océan.*
→ *A elle, il pensait très souvent, le regard perdu vers l'infini de l'océan.*

L'antéposition elliptique

Il s'agit d'avoir recours ici au tour soutenu : prédicat + *que* + pronom démonstratif. L'antéposition elliptique permet à la fois de faire l'économie d'un verbe et de ne pas avoir recours à une subordonnée.
Ex. : *Ce vin est exceptionnel !*
→ *Exceptionnel vin que celui-là !*

La postposition

Il s'agit du même procédé que l'antéposition à la différence que le terme que l'on souhaite mettre en relief n'est pas placé en début de phrase mais rejeté en fin de phrase.

Exemples :

Les deux adolescentes se présentèrent enfin au guichet.

→ *Elles se présentèrent enfin au guichet, les deux adolescentes.*

Le Portugal est un pays magnifique.

→ *C'est un pays magnifique, le Portugal.*

Il se glissa subrepticement à l'intérieur de la loge.

→ *Il se glissa à l'intérieur de la loge, subrepticement.*

Son jeu sublime et parfait ravit le parterre foisonnant de dames aux robes chatoyantes et de messieurs aux larges favoris.

→ *Son jeu ravit le parterre foisonnant de dames aux robes chatoyantes et de messieurs aux larges favoris, sublime et parfait.*

L'insertion

Au lieu de mettre en évidence un terme que l'on va rejeter en début ou en fin de phrase, on va l'insérer à l'intérieur de la phrase par le biais de la ponctuation (voir le chapitre sur la ponctuation et en particulier les passages consacrés à la fonction de la virgule et du tiret). Ce procédé permet de créer une pause qui met l'accent sur une précision, une parenthèse, une réserve, un rappel, une information que l'on met en relief.

Exemples

Chaque fois que je rouvre et que je feuillette les menus brûlots collectifs que lâchait périodiquement le surréalisme encore dans sa sève : tracts, papillons, proverbes, catalogues d'exposition, revues éphémères, « dictionnaire abrégé du surréalisme », « projet d'embellissement irrationnel de Paris », je suis frappé par le talent qui jaillit là de source presque à chaque page, comme si le vent, presque après quarante ans, faisait bouger encore et vivre la verdure neuve de cette saison enchantée. (Julien Gracq, Lettrines)

Cela ne veut pas dire que l'entreprise comme action réelle de l'homme sur l'histoire n'existe pas, mais seulement que le résultat atteint – même conforme à l'objectif qu'on se proposait – est radicalement différent de ce qu'il paraît à l'échelle locale, quand on le replace dans le mouvement totalisateur... Il est vrai que les divisions brutales et leurs conséquences théoriques (pourrissement de l'idéologie bourgeoise, arrêt provisoire du marxisme) obligent notre époque à se faire sans se connaître mais, d'autre part, bien que nous subissions plus que jamais ses contraintes, il n'est pas vrai que l'Histoire nous apparaisse tout à fait comme une force étrangère. (Jean-Paul Sartre, Critique de la raison dialectique)

L'extraction

Il s'agit d'isoler un élément de la phrase pour le mettre en valeur, en ayant recours à l'outil *c'est... qui, c'est... que*.
Ex. : *La notion de rentabilité est à redéfinir car les taux sont en chute.*
→ *Si je t'affirme que la notion de rentabilité est à redéfinir, c'est qu'il apparaît évident que les taux sont en chute.*

La dislocation

La dislocation consiste en la reprise ou l'annonce, sous une forme pronominale, d'un élément de la phrase. Cet élément disloqué est séparé par une forte pause ; il est détaché du reste de la phrase et occupe ainsi une place mobile :
Ex. : *Jeanne m'exaspère.*
→ *Jeanne, elle m'exaspère.*

L'extraction-dislocation

Il s'agit de la combinaison de la structure d'extraction et de dislocation :
Ex. : *Je préfère le gruyère.*
→ *Ce que je préfère, c'est le gruyère.*

La dénégation assertive

Il s'agit de commencer la phrase par le refus d'une proposition, le démenti d'une information, la négation d'une explication pour mettre en valeur, dans le deuxième temps de la phrase, l'affirmation que l'on veut mettre en relief.

Exemples

Ce n'est pas qu'il souhaitait voir la famille Hervieux désignée comme coupable ni qu'il désirait assister au supplice des corps martyrs, mais il revendiquait pour tous la Justice.

Jamais la littérature n'était allée aussi loin dans sa traque à la barbarie qui rôde, si proche, aux parages des communautés. Jamais elle n'avait dit si haut la formidable illusion, le monumental mensonge sur quoi repose et s'édifie le contrat de la société. Car ce qu'ils disent, ce qu'ils voient, au fond, tous ces voyants, c'est, au-delà cette fois du politique, la vérité terrible, même si largement inaudible, de la ruine, de la faillite du lien social en tant que tel. (Bernard-Henri Lévy, *L'Idéologie française*)

Le retardement

Le procédé consiste à retarder le plus possible, au niveau de la construction des éléments de la phrase, le sujet grammatical. De fait, ce retardement contribue à créer un effet d'attente et attribue, lorsqu'il intervient, plus de poids sémantique au sujet. Ce procédé de « dilatation » de l'énoncé peut se faire par l'antéposition :
- d'épithètes détachées ;
- d'appositions ;
- d'attributs ;
- de relatives ;
- de répétitions.

En voici l'illustration par divers recours combinés :
Si j'essayais de me rendre compte de ce qui se passe en effet au moment où une chose nous fait une certaine impression, soit comme ce jour où, en passant sur le pont de la Vivonne, l'ombre d'un nuage m'avait fait crier « Zut alors ! » en sautant de joie, soit qu'en écoutant une phrase de Bergotte, tout ce que j'eusse de mon impression c'est ceci qui ne lui convient pas spécialement : « C'est admirable », soit qu'irrité d'un mauvais procédé Bloch prononçât ces mots qui ne convenaient pas du tout à une aventure si vulgaire : « Qu'on agisse ainsi, je trouve cela tout de même fffantastique », soit, quand, flatté d'être bien reçu chez les Guermantes, et d'ailleurs un peu grisé par leurs vins, je ne pouvais m'empêcher de dire à mi-voix, seul, en les quittant : «Ce sont tout de même des êtres exquis avec qui il serait doux de passer la vie», je m'apercevais que ce livre essentiel, le seul livre vrai, un grand écrivain n'a pas, dans le sens courant, à l'inventer, puisqu'il existe déjà en chacun de nous, mais à le traduire. Le devoir et la tâche d'un écrivain sont ceux d'un traducteur. (Marcel Proust. *A la recherche du temps perdu. Le Temps retrouvé*)

La subordonnée émancipée

Un élément subordonné est mis en évidence et l'on en fait alors un élément autonome.
Ex. : *Je ne sais s'il viendra demain. Si bien que je ne lui ai pas posé la question.*

Ce procédé a pour conséquence une réduction volumétrique de la phrase qui se trouve ainsi segmentée par la ponctuation forte et produit un effet de rythme qui met l'accent sur l'information contenue dans la subordonnée.

Utiliser les modalités de phrase

On distingue, en général, quatre modalités :
- assertive (on considère l'énoncé comme vrai) ;
- interrogative (l'énoncé est mis en débat) ;
- jussive (le contenu de l'énoncé doit être exécuté) ;
- exclamative (l'énoncé induit une réaction affective).

Chaque phrase est obligatoirement affectée d'une modalité et ne peut comporter qu'une seule modalité. Notons ici que la phrase négative n'est pas considérée comme une modalité : elle peut se combiner avec la modalité assertive, interrogative, jussive ou exclamative et constitue une variante possible des divers types de phrase.
Rédiger appelle presque toujours la modalité assertive puisqu'il s'agit de donner sa vision d'un problème ou de caractériser un phénomène. Cependant, le recours aux trois autres modalités peut permettre de diversifier l'expression et donc concourir à l'amélioration de son style.

La modalité interrogative

Elle se caractérise, de façon générale, par une mise en débat qui consiste, pour l'énonciateur qui utilise l'interrogation, à suspendre son jugement de vérité. Le contenu propositionnel, de fait, apparaît comme provisoirement indécidable, ne pouvant être déclaré ni vrai, ni faux. De cette valeur fondamentale de mise en débat découlent diverses interprétations possibles de la phrase interrogative.

Diverses interprétations de la phrase interrogative

- **La simple demande de confirmation** : elle consiste, le plus souvent, à reprendre en écho les paroles de l'interlocuteur, jugées étonnantes.

Ex. : *Jean s'assit et se mit à soupirer en silence ; il dit à sa femme que leur fils devait partir la semaine suivante pour le front. Hébétée, elle se leva et lui demanda soudainement : « La semaine prochaine ? Le départ pour le front ? »*

- **L'interrogation rhétorique** : appelée souvent « fausse interrogation », elle oriente le jugement de l'interlocuteur ; fréquemment employée dans la rédaction, elle permet de dynamiser le style en créant, au niveau du rythme, un effet de suspens.

Ex. : *C'est ainsi que l'on peut légitimement se questionner sur les bienfaits qu'un tel progrès scientifique pourrait apporter à la civilisation ; en effet, est-il nécessaire de* chercher à améliorer les conditions de vie de certains au détriment du respect d'autres individus ?

• **La demande d'information** : il peut s'agir d'une demande portant sur une réalité concrète ou sur une perception subjective.
Ex. : *Estelle* : Je te plais ?
Inès : Beaucoup !
Estelle, désignant Garcin d'un coup de tête : Je voudrais qu'il me regarde aussi.
(Sartre, *Huis Clos*)

• **L'appui stylistique** : il s'agit d'une interrogation qui n'attend pas de réponse mais sert uniquement à ponctuer la rédaction ou le discours.
Ex. : *Une jeune servante* : Quel beau jour, maîtresse !
Cassandre : Ah oui ? Tu trouves ?
(Jean Giraudoux, *La Guerre de Troie n'aura pas lieu*)

• **L'hypothèse** : il s'agit de marquer par l'interrogation une action envisagée comme possible et d'évoquer les conséquences que celle-ci pourrait avoir.
Ex. : *Wellington triomphait-il ? La légitimité rentrerait donc dans Paris...* (Chateaubriand)

Mots et modes interrogatifs

• **Les mots interrogatifs** : dans l'interrogation totale (ensemble du contenu propositionnel mis en débat, mélodie ascendante et inversion de l'ordre des mots de la phrase simple. Ex. : *Viendra-t-il ?*), les mots interrogatifs sont exclus. Mais leur présence est obligatoire dans l'interrogation partielle, plus fréquemment utilisée à l'écrit. Il est alors possible de faire varier ces mots afin de travailler le style que l'on veut donner à sa rédaction pour tenter d'obtenir plus d'expressivité, de mise en relief ou d'emphase.

Pensez ainsi à utiliser davantage :
les déterminants : *quel, combien de...*
les pronoms simples : *qui, que...*
les pronoms renforcés : *qui est-ce que...*
les pronoms composés : *lequel...*
les adverbes interrogatifs : *où, quand, comment, pourquoi, combien...*

• **Les modes verbaux** : mettant en débat la validité d'un contenu propositionnel, la phrase interrogative exige, en général, que soient représentés les temps, les personnes, l'espace dans lequel cette phrase sera déclarée vraie ou fausse. C'est pourquoi elle nécessite, le plus souvent, l'actualisation verbale, actualisation qui passe de façon privilégiée par le recours à l'indicatif. Cependant, il est aussi possible d'utiliser l'infinitif (appelé infinitif délibératif) pour exprimer l'interrogation.

Ex. : *Que penser d'un tel soubresaut intervenu dans l'économie mondiale et perceptible encore aujourd'hui ?*

Les avantages de l'interrogation

• **Stimuler le style** : lorsqu'elle succède au mode assertif, l'interrogation provoque un effet de rupture, un temps d'arrêt et de réflexion. Cette rupture de la linéature discursive ne passe pas par un constat intellectuel mais par un sursaut rythmique destiné à éveiller la curiosité du correcteur et à relancer le propos en le mettant en débat.

Ex. : *J'avais cessé de me sentir médiocre, contingent, mortel. D'où avait pu me venir cette puissante joie ? Je sentais qu'elle était liée au goût du thé et du gâteau, mais qu'elle le dépassait infiniment, ne devait pas être de même nature. D'où venait-elle ? Que signifiait-elle ? Où l'appréhender ?* (Marcel Proust, *A la recherche du temps perdu*)

• **Orienter la pensée du lecteur** : en combinant l'interrogation à la négation, il est possible d'infléchir l'énoncé vers le sens que l'on veut lui donner et d'orienter ainsi la négation en ne laissant au lecteur que la possibilité d'acquiescer.

Ex. : *N'est-il pas arbitraire d'envisager les causes du problème sans prendre en compte le plan économique, politique et social qui ne manquait certes pas, dans les années soixante-dix, d'influencer la conception que l'on pouvait avoir de la situation ?*

La modalité jussive

L'énoncé jussif constitue l'expression de la volonté de l'énonciateur dans toutes ses nuances.

Diverses interprétations de la modalité jussive.

• **L'ordre** : *Sors d'ici !*

• **La prière** : *Seigneur, aide-moi dans mon labeur et donne-moi la force de suivre tes enseignements.*

• **La requête** : *Qu'il soit rentré avant huit heures et je serai rassurée.*

Les avantages de la modalité jussive

● **Exhorter** : l'énoncé jussif remplit ainsi un rôle incitatif qui consiste à mettre en œuvre la volonté de persuader autrui ou de le pousser à l'action (celle de partager ses idées, par exemple). Il apporte à la rédaction une fonction dynamisante et permet de rompre avec la linéarité de la modalité assertive, comme dans cette copie d'étudiant portant sur « la question de l'intégration à l'économie mondiale, facteur de croissance » :

Lorsqu'une politique de stimulation a coïncidé avec une reprise cyclique, ce ne fut qu'une pure coïncidence. Aucun type de politique n'a alors eu de meilleurs résultats qu'un autre. Et aucune politique qui a été efficace dans un pays donné au cours de la récession A n'a donné de résultats lorsqu'elle a été appliquée dans le même pays lors des récessions B ou C. L'expérience suggère non seulement que les politiques officielles de stimulation à court terme sont inefficaces, mais aussi – ce qui est beaucoup plus surprenant – qu'elles sont dans une large mesure inutiles. Face à ce constat, **que l'on prouve alors qu'un Etat peut maîtriser le climat économique**...

● **Intégrer le lecteur dans son discours** sans pour autant le désigner de façon trop directe... C'est la possibilité qu'offre le subjonctif présent ou passé, précédé de *que*, permettant de faire comme si l'on intégrait une troisième personne dans la situation de communication entre l'étudiant et son correcteur. De fait, cela contribue à intégrer le correcteur dans la rédaction mais en confiant un ordre ou une injonction à un tiers, étranger au dialogue.
Ex. : *Que l'Etat providence soit désigné comme néfaste. Cela serait un des points d'achoppement du raisonnement que les Etats-Unis menaient dans leur combat pour améliorer les conditions socio-économiques.*

La modalité exclamative

La modalité exclamative traduit la réaction affective face à l'événement considéré. Liée au discours, c'est-à-dire à la parole effectivement ou fictivement prononcée dans le cas de la rédaction, elle n'implique pas de réaction de la part de l'interlocuteur.

Diverses interprétations de la modalité exclamative

● **L'étonnement** : *Ce sont des villes ! C'est un peuple pour qui se sont montés ces Alleghanys et ces Libans de rêve ! Des chalets de cristal et de bois qui se meuvent sur des rails et des poulies invisibles.* (Arthur Rimbaud, *Illuminations*)

- **La colère :** *Adieu, je ne te retarderai pas davantage ; et, pour t'instruire et te préserver, réfléchis au sort fatal qui m'a conduit à la révolte, quand peut-être j'étais né bon !* (Lautréamont, *Chants de Maldoror*, IV)

- **L'admiration :** *Qu'il me soit permis de dire combien c'était un homme valeureux. A sa grandeur d'âme s'ajoutait le sens de l'effort !*

- **Le regret :** *[...] Ah ! cruel, tu m'as trop entendue ! / Je t'en ai dit assez pour te tirer d'erreur.* (Racine, *Phèdre*, II, 5)

Les mots et les modes de la modalité exclamative

- **Les mots de la modalité exclamative :** ils offrent une gamme étendue de possibilités d'expression. En travaillant sur le haut degré en termes de quantité ou d'intensité, vous pouvez ainsi améliorer l'expressivité de votre style. Pensez à utiliser :
les déterminants : *quel...* ;
les adverbes interrogatifs : *combien...* ;
les particules comme *si* (ex. : *S'il est gentil !*) ;
les adverbes d'intensité : *comme, tant, que, ce que...* ;
les adverbes interro-négatifs comme *que* (ex. : *Que ne le disiez-vous pas plus tôt !*)

- **Les modes de la modalité exclamative :** on utilise trop généralement l'indicatif. Mais il est aussi possible d'avoir recours :
1) au subjonctif, à valeur de souhait.
Ex. : *Puisse le chômage voir sa courbe diminuer ;*
2) à l'infinitif comme centre de phrase.
Ex. : *Le Président, démissionner ! Personne, ne croyait cela possible alors que les enquêtes menées par les groupes de sondages donnaient des signes de grande popularité.*

Les avantages de la modalité exclamative

- **Vivifier le propos :** c'est ainsi qu'il est fortement conseillé de remplacer certaines affirmations par des exclamations afin de donner de la vigueur au propos et plus de force aux idées que vous avancez.
Ex. : *D'après la théorie économique orthodoxe, la création d'un marché mondial des capitaux concurrentiel, fonctionnant sans entraves, doit accroître l'efficacité du système financier, en permettant une réduction du coût des financements et une meilleure allocation des capitaux entre pays et secteurs financiers. De quoi apporter plus de croissance à l'économie mondiale !*

● **Donner un tour affectif :** l'exclamatif permet, en effet, de colorer légèrement la rédaction d'un engagement qu'il faut cependant veiller à utiliser de manière raisonnée.

Ex. : *Question de légitimité : si l'architecte a des propositions à faire, c'est d'abord sur la ville, son domaine d'intervention naturel, qu'il peut les formuler. D'autant qu'en la matière, l'étendue des dégâts est considérable ! La ville est, en effet, le symbole des malaises sociaux et des phénomènes d'exclusion.*

Utiliser les tours

Le passif : créer un changement de perspective

La transformation à la voix passive

Le complément d'objet de la voix active devient sujet de la voix passive et le sujet de la voix active peut alors apparaître, facultativement, sous la forme d'un complément prépositionnel appelé complément d'agent.
Ex. : *La France marque un tournant dans son histoire.*
→ *Un tournant est marqué dans son histoire* (par la France).

La voix passive étant parfois un peu lourde et répétitive, il est possible d'utiliser des substitutions.

Quelques substituts possibles à la voix passive

A la différence de la voix passive, les deux formes ci-dessous excluent la présence du complément d'agent. Celui-ci reste donc indéterminé, ce qui explique que, dans les deux cas, une autre paraphrase soit possible avec le pronom indéfini *on*.

● **La forme pronominale à sens passif :** *Ces informations se font entendre au-delà de nos frontières et l'Espagne et l'Italie sont la chambre d'écho des revendications françaises.*

● **La forme impersonnelle à sens passif :** *Il se vend, chaque année, cent mille exemplaires de ce livre.*

Le présentatif : mettre en valeur

Les présentatifs se placent en tête d'une phrase pour la mettre en valeur.

C'est

C'est là que le tueur de bœufs et de chevaux,
Le long des vieux troncs morts à l'écorce moussue,
Sinistre et fatigué revient à pas égaux.
(Leconte de Lisle, *Poèmes barbares*)

N'oubliez pas que le présentatif *c'est* peut se conjuguer :
C'était une ligne uniforme, indéfiniment prolongée, coupée d'étangs et de canaux, étincelants dans la blondeur des salicornes. (Alphonse Daudet, *Le Trésor d'Arlatan*)

Alors

Alors *s'assit sur un monde en ruines une jeunesse soucieuse. Tous ces enfants étaient des gouttes d'un sang brûlant qui avait inondé la terre ; ils étaient nés au sein de la guerre, pour la guerre.* (Alfred de Musset, *Confessions d'un enfant du siècle*)

Disons que

[**Disons que**] *le raisonnement inductif que j'ai fait implicitement est le syllogisme suivant : les urines des carnivores sont acides ; or, les lapins que j'ai sous les yeux ont les urines acides ; donc ils sont carnivores, c'est-à-dire à jeun.* (Claude Bernard, *Introduction à l'étude de la médecine expérimentale*)

Et

Et *Pierre dit « Il faut se montrer secourable,*
Maître ! mais cette femme a bien peu de raison
D'abandonner ainsi son fils et sa maison
Pour le premier venu qui s'en va sur la route. »
(François Coppée, *Récits épiques*)

Il est

Il est *très difficile de concevoir quels ont été les motifs de l'Empereur pour terminer si vite et de cette façon. Voici ce que j'ai appris, mais ce ne sont que des conjonctures.* (Lettre de Prosper Mérimée à Panizzi)

Il y a

Les phrases suivantes combinent trois présentatifs dont *il y a* :
Il y a dans ce paysage une sorte de beauté morale, une vertu sans expansion. C'est triste et fort. Et les grandes fumées industrielles de Dieuze, qui glissent, au-dessus des arbres d'automne, sur un ciel bas d'un bleu pâle, ne gâtent rien, car on dirait une traînée de désespoir sur une conception romanesque de la vie. (Maurice Barrès, *Au service de l'Allemagne*)

Lors

Lors deux voitures, l'une attelée de trois chevaux et l'autre de six, précédées de deux courriers en vestes de couleur chamois, dévalèrent vers la poste et s'y arrêtèrent au milieu d'un attroupement de curieux. (André Theuriet, *La Chanoinesse*)

Ma foi

Ma foi, tu dis que tu as acheté une rivière de diamants pour remplacer la mienne ? (Guy de Maupassant, *Contes*)

Soit

Soit le 15 mai 1796 : le général Bonaparte fit son entrée dans Milan à la tête de cette jeune armée qui venait de passer le pont de Lodi, et d'apprendre au monde qu'après tant de siècles César et Alexandre avaient un successeur. (Stendhal, *La Chartreuse de Parme*, texte retouché)

Voici

Voici quelle est la donnée du tableau : un coin de la Meuse, probablement ; à droite, un terrain étagé avec des arbres, des maisons, et pour sommet le noir moulin, ses bras au vent, montant haut dans la toile. (Eugène Fromentin, *Les Maîtres d'autrefois*)

Voilà

Femmes, enfants, vieillards, engourdis pêle-mêle, verront par les fentes de leurs cavernes monter tristement sur leur tête un soleil sombre où, comme sur un tison qui s'éteint, courront les lueurs fauves, tandis qu'une neige éblouissante d'étoiles continuera de briller tout le jour dans le ciel noir, à travers l'air glacial. Voilà ce qu'ils verront ; mais, dans leur stupidité, ils ne sauront même pas qu'ils voient quelque chose. (Anatole France, *Le Jardin d'Epicure*)

- **La combinaison des présentatifs**

Et voilà l'enfant que tu viens m'offrir comme apprenti ! Mais c'est lui qui est mon maître ! C'est lui qui doit me donner des leçons ! (Alphonse Daudet, *Légende algérienne*)

La forme impersonnelle : mettre en relief

On réserve le nom de forme impersonnelle à un type de construction verbale bien particulière. Il s'agit de constructions où le verbe reçoit comme seul sujet possible un pronom invariable (*il*), ne renvoyant à personne et ne représentant aucun élément. Dépourvu de rôle sémantique, *il* n'a qu'un statut de mot grammatical et sa présence, de fait, est purement fonctionnelle. Il n'est là que pour donner au verbe une assise syntaxique, en lui fournissant, sous sa forme minimale, le support sujet dont l'expression est obligatoire en français moderne.

On distinguera ainsi les verbes impersonnels (verbes ou locutions qui n'existent qu'à cette forme en français. Ex. : *il semble que*) et les constructions impersonnelles qui consistent en des variantes possibles des constructions personnelles. C'est, bien entendu, cette deuxième catégorie qui nous intéresse ici comme possible variante stylistique à apporter à la rédaction.

La construction impersonnelle présente, en effet, l'intérêt de modifier la hiérarchie de l'information dans la phrase. Dans la construction personnelle, le sujet a normalement le rôle de thème (il indique ce dont on parle), le verbe supportant l'information principale (ce que l'on dit du thème, c'est-à-dire le prédicat). Dans la construction impersonnelle, le rôle prédicatif est, au contraire, confié au complément du verbe, ce dernier ne jouant plus que le rôle du thème.

- **Construction personnelle** : *Une lettre* (thème) *est arrivée* (prédicat).

- **Construction impersonnelle** : *Il est arrivé* (thème) *une lettre* (prédicat).

Une telle modification vise à mettre en relief le prédicat en le détachant et en faisant porter sur lui l'attention du lecteur. Ce procédé peut vous permettre de souligner des idées importantes de votre propos en diversifiant les manières de mettre en scène vos arguments ou votre raisonnement.

4. Jouer sur la composition

Jouer sur la composition des groupes nominaux

Il arrive souvent à l'écrit d'utiliser un groupe nominal réduit composé au mieux d'un substantif et d'un adjectif ou d'une relative, au pire d'un substantif seul. Or, lorsqu'il ne met en œuvre que des groupes nominaux succincts, le style peut paraître dépouillé et manquer de substance. Il est possible de l'étoffer en utilisant les recours qu'offre la langue française du point de vue de la complémentation.

Exemple

Le problème est celui de la confrontation des cultures. Il se pose en termes contra-dictoires. Ainsi, pour l'homme, celui d'une autre civilisation est un étranger mais aussi un semblable. Cela revient à dire que les échanges sont toujours possibles aussi bien sur le plan linguistique que culturel.

Il était possible d'étoffer le propos en jouant sur les groupes nominaux :
Le problème majeur, celui de la confrontation des cultures, se pose en termes contradictoires : si celui qui se définit dans une appartenance à une autre civilisa-tion est à la fois un étranger, il est encore un semblable. Dès lors, parler d'échanges serait possible, qu'ils se déroulent sur le plan linguistique mais aussi sur le plan culturel.

Le travail sur le groupe nominal représente donc bien un des enjeux de la compo-sition, et il est ainsi possible d'étendre les groupes nominaux de plusieurs façons différentes.

Multiplier les adjectifs épithètes

C'est l'exemple que nous fournit cette copie d'économie :
*Inversement, il y a peu d'interdépendance entre les résultats économiques et les politiques visant à stimuler l'économie nationale. L'histoire montre qu'un gouver-nement peut causer du tort à son économie en augmentant l'inflation. Mais il n'a pas la moindre preuve qu'une politique volontariste de stimulation – qu'elle soit **keynésienne, monétariste, néoclassique ou politique de l'offre** – ait eu un effet quelconque.*

Recourir au complément du nom

Son esprit, vif autrefois et alerte, paraissait maintenant **d'une immobilité inquié-tante**. Il ne répondait pas aux questions qu'on lui posait et se contentait de hocher de la tête en signe **d'approbation ou de mécontentement**.

Utiliser des propositions relatives

Voici le camarade **dont je tiens la nouvelle et qui arrive à l'instant de Paris** : la guerre se prépare et l'intensité **qui se perçoit déjà et qui s'insinue** dans le cœur de ceux **qui croient** aux ferments de la révolution et **qui se préparent** depuis des années à voir la victoire sur l'oppression est présente dans les rues et les ruelles de la capitale.

Employer des épithètes détachées

Taillé à la serpe, surmonté d'une tête haute de trois pieds, vêtu comme le serait un homme du peuple, il était cet homme qu'il avait connu quelques années aupa-ravant, alors qu'il n'était qu'un jeune hussard.

User de groupes nominaux désignant une attitude

Elle s'approcha, **sans dire une parole, silencieuse, les lèvres scellées par le poids d'un secret que j'imaginais terrible à porter, le sourire masqué par cette impres-sion de calme, de repos, d'apaisement et de sollicitude**.

Jouer avec les appositions

De vagues ruines, **tas de terre noirâtre, amoncellement de détritus, copeaux en tous genres, relents de vie humaine abandonnée, disloquée, laissée ouverte sur la béance de la fosse**, pleuraient la perte de ce monde disparu.

Enfin, tout autour de l'étang, c'était un concert **de plaintes, de gémissements, d'aigres discussions, de reproches et de querelles.** (André Lichtenberger, *Les Contes de Minnie*)

Reprendre le nom sous forme de relance

Le nomade s'est toujours trouvé à l'intersection des cultures et des ethnies, et son combat pour la survie communautaire a toujours fait appel aux **alliances** à l'exté-rieur de son groupe d'appartenance, **alliances** parfois hasardeuses, **alliances** souvent problématiques, comme en témoigne aujourd'hui la cause palestinienne.

Insérer une parenthèse

La « tribalité » – plus proche dans cette optique du corporatisme, de l'expression collective de l'existence nomade, du principe d'association qui se fonde sur un champ d'affinités et d'intérêts communs que de la notion d'identité – s'appuie sur la proximité professionnelle, l'appartenance à l'entreprise, les modes de consommation, les clivages générationnels et les différences sexuelles.

Il est ainsi possible de développer et d'étoffer un groupe nominal en procédant, comme illustré ci-dessus, à un groupement énumératif. L'expression brève se voit alors enrichie autant du point de vue du contenu que de la diversité et de la précision du style. Les questions *quand, comment, pourquoi* et *qui* vous permettront d'amplifier vos groupes nominaux en apportant des informations qui donneront corps et assise à votre rédaction.

Jouer sur l'alternance

Un autre procédé efficace permettant de jouer sur la composition rythmique de la phrase consiste à jouer sur les effets de symétrie et à créer des échos syntaxiques entre les constituants de la phrase. Pour ce faire, vous pouvez recourir à plusieurs méthodes.

Joindre des groupes ayant une même fonction syntaxique mais en faisant varier leur nature

Exemple

*Il nous arrive fréquemment, dans la vie ou au théâtre, de faire la constatation suivante : alors que **certaines scènes offertes à nos yeux** provoquent en nous le rire le plus franc, le plus plein, le plus libre, **d'autres** font succéder à cette euphorie **une seconde impression** qui, vite mêlée à la première, l'envahit, en arrête les manifestations et ne laisse plus place qu'à l'amertume. **Anatole France** semble nous inviter à une réflexion sur la nature de ce phénomène lorsqu'il remarque que « **le comique** est vite douloureux quand il est humain ».*

Cette attaque de dissertation montre bien que la fonction « sujet » (d'une principale, d'une relative...) peut être occupée par des éléments de différentes natures qui donnent au propos un style diversifié et efficace. L'utilisation du « il » impersonnel, le groupe nominal introduit par l'adjectif indéfini « *certaines* », le pronom indéfini « *d'autres* », le nom propre « *Anatole France* », contribuent, par la variété de leur nature grammaticale, à donner un effet de symétrie mais aussi de variété.

On peut ainsi penser à faire varier la forme et le contenu du groupe sujet en utilisant soit des groupes nominaux (ex. : *le sable blanc et chaud*), soit des pronoms indéfinis (ex. : *nul, rien...*), soit des groupes infinitifs (ex. : *Attendre aussi longtemps l'épuisait*), soit des propositions (ex. : *Ce qu'elle lui avait confessé quelques minutes auparavant constituait pour lui une épreuve de force*).

Alterner la longueur des groupes de mots

Exemple

A gauche, une traînée de roches labourées et décharnées s'allonge en promontoire jusqu'à une arcade de grève durcie, que les hautes marées ont ouverte, et d'où la vue par trois côtés plonge sur l'Océan. Sous la bise qui siffle, il se hérisse de flots violâtres ; les nuages qui passent le marbrent de plaques encore plus sombres ; si loin que le regard porte, c'est une agitation maladive de vagues ternes, entrecroisées et disloquées, sorte de peau mouvante qui tressaille et se tord sous une fièvre intérieure ; de temps en temps, une raie d'écume qui les traverse marque un soubresaut violent. Cà et là, entre les intervalles de nuages, la lumière découpe quelques champs glauques sur la plaine uniforme ; leur éclat fauve, leur couleur malsaine, ajoutent à l'étrangeté et aux menaces de l'horizon. Ces sinistres lueurs changeantes, ces reflets d'étain sur une houle de plomb, ces scories blanches collées aux roches, cet aspect gluant des vagues donnent l'idée d'un creuset gigantesque, dont le métal bouillonne et luit. (Hippolyte Taine, *Voyage aux Pyrénées*)

Qu'observe-t-on ici ? Taine travaille dans ce passage sur les variations qui peuvent être apportées aux groupes de mots. Ainsi, dans cet extrait, la fonction « sujet » est présente grammaticalement dans des groupes de mots ayant une nature et un volume différents :

- « *une traînée de roches labourées et décharnées* » (groupe nominal = adjectif indéfini + substantif + complément du nom doublement adjectivé) ;
- « *il* » (pronom personnel) ;
- « *les nuages qui passent* » (groupe nominal = article défini + substantif + relative) ;
- « *c'[est]* » (pronom démonstratif inclus dans la tournure du présentatif) ;
- « *une raie d'écume qui les traverse* » (groupe nominal = article indéfini + substantif + complément du nom + relative) ;
- « *la lumière* » (déterminant + substantif) ;
- « *leur éclat fauve, leur couleur malsaine* » (apposition de deux groupes nominaux = adjectif possessif + substantif + épithète) ;
- « *ces sinistres lueurs changeantes, ces reflets d'étain sur une houle de plomb, ces scories blanches collées aux roches, cet aspect gluant des vagues* » (apposition de quatre groupes nominaux tous différents dans leur structure).

Ce travail de relevé, effectué uniquement pour la fonction « sujet » d'un verbe principal, prouve combien il est possible de faire varier les groupes de mots, autant du point de vue de leur nature que de la quantité « d'agglomération possible ». De fait, la rédaction gagne en profondeur et en précision, et le style en efficacité et en élégance.

Introduire des compléments différents

Varier les déterminations

Il s'agit d'avoir recours à des déterminations qui ne relèveraient pas seulement de l'adjectif qualificatif. Pensez à utiliser d'autres moyens grammaticaux pour déterminer un mot ou un groupe de mots comme la relative, l'apposition, l'épithète liée, l'épithète détachée, le complément de l'adjectif.

Voici un exemple des possibilités de variation au niveau de la détermination grâce auquel vous pourrez observer comment s'élaborent, à travers l'art du portrait de la difformité et de la laideur, les possibilités syntaxiques qu'offre la langue française à celui qui veut jouer sur la détermination.

*La grande Nanon, ainsi **nommée** à cause de sa taille haute de cinq pieds huit pouces, appartenait à Grandet depuis trente-cinq ans. A l'âge de vingt-deux ans, la **pauvre** fille n'avait pu se placer chez personne, tant sa figure était **repoussante** ; et certes ce sentiment était bien **injuste** ; sa figure eût été fort **admirée** sur les épaules **d'un grenadier de la garde** [...]. Forcée de quitter une ferme incendiée où elle gardait les vaches, elle vint à Saumur, **animée de ce robuste courage qui ne se refuse à rien**. M. Grandet [...] avisa cette fille, **rebutée de porte en porte**. Juge de la force **corporelle** en sa qualité **de tonnelier**, il devina le parti qu'on pouvait tirer d'une créature **femelle taillée en Hercule, plantée sur ses pieds comme un chêne de soixante ans sur ses racines, forte des hanches, carrée du dos, ayant des mains de charretier et une probité vigoureuse**. Ni les verrues qui ornaient ce visage **martial**, ni le teint **de brique**, ni les bras **nerveux**, ni les haillons **de la Nanon** n'épouvantèrent le tonnelier.* (Balzac, *Eugénie Grandet*)

Relier grâce aux outils de connexion

Les outils de connexion vous seront précieux lorsque votre rédaction portera, par exemple, sur l'argumentation. Vous pourrez ainsi exprimer :
• la cause (coordination avec *car*, subordonnée participiale, subordonnée relative explicative, subordonnée introduite par *comme*, juxtaposition de propositions...) ;

- la conséquence (avec *puisque* qui justifie et *parce que* qui relie deux énoncés par un lien de cause à effet, avec des subordonnées) ;
- le but (subordonnées, juxtaposition, utilisation de *pour que, de sorte que*) ;
- la concession (*malgré, en dépit de, bien que, quoique, malgré que, certes, si...*) ;
- l'opposition (*mais, cependant, toutefois, néanmoins, pourtant...*) ;
- la restriction (*or, excepté, ne... que...*) ;
- les différents moments de votre raisonnement (*ainsi, en effet, dès lors...*) ;
- des preuves et des arguments (*de plus, en outre, par ailleurs, du reste, d'ailleurs...*).

Tout cela vous fournira une aide précieuse pour souligner les moments forts de votre rédaction et rendre votre style plus efficace.

Exemple :
*La majorité des échanges, que ce soit au niveau du commerce ou des investissements, se déroulent entre pays développés. **En conséquence**, ces pays dont les caractéristiques sont similaires échangent des biens et des services analogues. **D'où** l'émergence de la question de la compétitivité, qui reflète le sentiment que les pays industrialisés sont plus ou moins concurrents, comme le seraient des entreprises, et **dès lors qu'ils** se placent sur le même terrain. **Cependant**, cette perspective va à l'encontre de l'analyse traditionnelle de la théorie du commerce international qui montre combien la complémentarité génère l'échange et conduit, par conséquent, au bénéfice de tous les partenaires.*

Introduire des compléments

Ces outils de connexion, s'ils permettent de marquer les étapes du raisonnement, peuvent aussi intervenir comme introducteurs d'une complémentation que l'on peut, là encore, améliorer en jouant sur la variété. Aussi bien le but que la concession, la conséquence, la comparaison, la restriction, le lieu, le temps... peuvent être l'enjeu d'un travail et d'une recherche stylistique.

Exemple :
*Une longue barre de créneaux s'est démasquée, fauve, **où s'espacent régulièrement des tours, et par derrière encore des courtines, des bastions et deux minarets verts de faïence**. Mais une chose étonne, c'est que tout cela **qui resplendit gravement au soleil du soir** paraît sans profondeur. Deux ou trois lignes de défense, et point de ville **au-delà ; jusque dans l'intervalle des créneaux**, les vides verdissants du ciel (il paraît que Fez affleure **tout juste au seuil de la plaine, et, de l'autre côté**, coule **par un ravin vers des creux profonds que nous ne voyons pas**). Nous venons de l'atteindre, le sombre mur de brique et de boue séchée, plus magnifiquement radieux dans le soir que la claire turquoise des minarets. **Jusqu'à***

*son pied vénérable va la prairie, primitive comme à vingt lieux d'ici, désert de verdure comme là-bas, **du côté de l'Atlantique où je vois s'allonger sa ligne d'horizon**. Les champs de la mer **sous le rempart** ne sont pas à ce point sauvages. Voilà le plus étrange : cette ville hermétiquement fermée (on n'aperçoit aucune porte), cette grande chose mystérieuse et couleur du temps, qui semble s'être levée là d'elle-même, et que nous découvrons dans la solitude, poursuivant sa vie silencieuse et millénaire.* (André Chevrillon, *Un crépuscule d'Islam*)

Jouer sur la structure des phrases complexes

Pour éviter d'avoir systématiquement recours à des phrases simples qui laissent souvent l'impression d'un style trop bref ou dépouillé, nous conseillons d'employer des phrases complexes qui présentent l'avantage d'induire des effets de rythme et de mise en valeur qui ne peuvent être que bénéfiques au style.

Phrases à éléments parallèles

Exemple

Je viens d'écrire à l'abbé de Pontcarré que je le conjure de ne m'en plus rompre la tête, et de la Palatine qui va quérir la princesse, et du maréchal du Plessis qui va l'épouser à Metz, et de Monsieur qui va consommer à Châlons, et du Roi qui va les voir à Villers-Cotterets ; qu'en un mot, je n'en veux plus entendre parler qu'ils n'aient couché et recouché ensemble ; que je voudrais être à Paris pour n'entendre plus de nouvelles ; qu'encore, si je me pouvais venger sur les Bretons de la cruauté de mes amis, je prendrais patience, mais qu'ils sont six mois à raisonner sans ennui sur une nouvelle de la cour, et à la regarder de tous les côtés ; que pour moi, il me reste encore quelque petit air du monde, qui fait que je me lasse aisément de tous ces dits et redits. (Madame de Sévigné, *Correspondance*, lettre du 21 octobre 1671)

Pour mieux apprécier le travail de composition par éléments parallèles, décomposons les groupes syntaxiques pour voir comment les plans parallèles s'enchaînent :

Je viens d'écrire à l'abbé de Pontcarré que
- je le conjure
    de ne m'en plus rompre la tête, et
    de la Palatine qui va quérir la princesse, et
    du maréchal du Plessis qui va l'épouser à Metz, et
    de Monsieur qui va consommer à Châlons, et
    du Roi qui va les voir à Villers-Cotterets

- en un mot, je n'en veux plus entendre parler qu'ils n'aient couché et recouché ensemble
- je voudrais être à Paris pour n'entendre plus de nouvelles
- qu'encore, si je me pouvais venger sur les Bretons de la cruauté de mes amis, je prendrais patience, mais qu'ils sont
  six mois à raisonner sans ennui sur une nouvelle de la cour, et
  à la regarder de tous les côtés
- pour moi, il me reste encore quelque petit air du monde, qui fait que je me lasse aisément de tous ces dits et redits

La structure à éléments parallèles rendue ici par les six syntagmes est dupliquée à l'intérieur du premier syntagme par les compléments d'objet indirect. Elle est ici mise au service de la chute de la phrase (« *dits et redits* »), matérialisant par la syntaxe les effets de ressassement et de parallélisme.

Phrases à guillotine

Les phrases à guillotine sont généralement construites sur une longue protase se terminant sur une apodose qui surgit brièvement et vient couper le rythme de la phrase, comme une guillotine, pour souligner un effet de chute et recentrer l'attention du lecteur sur les derniers mots.

Exemple

L'exemple d'un extrait des *Provinciales* (5ᵉ lettre) de Pascal est à ce titre parlant et met l'accent sur l'idée finale qu'il cherche à exprimer, à savoir la présence de Dieu : *Mais, pour dégager l'âme de l'amour du monde, pour la retirer de ce qu'elle a de plus cher, pour la faire mourir à soi-même, pour l'attacher uniquement et invariablement à Dieu, ce n'est que l'ouvrage d'une main toute-puissante.*

Voici comment on peut rendre le mouvement de la phrase :
- pour dégager l'âme...
- pour la retirer...
- pour la faire mourir
- pour l'attacher
  uniquement
  et invariablement à Dieu,
  [ce n'est l'ouvrage que d'une main toute-puissante]

Effet de traîne

Il s'agit de créer un effet de traîne en entourant par exemple la comparaison par une double définition des vertus, à la fois « *destituées d'amour de Dieu* » mais aussi que « *ces bons Pères confondent avec les vertus chrétiennes* » :
Et il est aussi peu raisonnable de prétendre que l'on a toujours un plein pouvoir, qu'il le serait de nier que ces vertus, destituées d'amour de Dieu, lesquelles ces bons Pères confondent avec les vertus chrétiennes, ne sont pas en notre puissance.
(Pascal, *Les Provinciales*, 5ᵉ lettre)

Phrases à ramification

Il s'agit de phrases qui utilisent plusieurs types de complémentation : circonstancielles de temps, antépositions, compléments circonstanciels de cause, etc.

Exemple

*Quand ils étaient près de venir travailler, ou qu'ils sortaient de chez elle, elle prenait son temps de sonder le Roi sur eux, de les excuser ou de les vanter, de les plaindre de leur grand travail, d'en exalter le mérite, et, s'il s'agissait de quelque chose pour eux, d'en préparer les voies, quelquefois d'en rompre la glace sous prétexte de leur modestie et du service du Roi, qui demandait qu'ils fussent excités à le soulager et à faire de bien en mieux. (*Saint-Simon, *Mémoires*)

On peut schématiser la structure de la phrase de la façon suivante :
- Quand ils étaient près de venir travailler, ou
- qu'ils sortaient de chez elle,
    elle prenait son temps de sonder le Roi sur eux,
                    de les excuser ou
                    de les vanter,
                    de les plaindre de leur grand travail,
                    d'en exalter le mérite...
                    d'en préparer les voies
                    d'en rompre la glace sous prétexte
                        de leur modestie et
                        du service du Roi,
                            qui demandait
                            qu'ils fussent excités
                                à le soulager et
                                à faire de bien en mieux

La proposition circonstancielle de temps (« *Quand ils étaient près de venir travailler, ou qu'ils sortaient de chez elle* ») ouvre la phrase sur sept infinitifs qui sont associés de façon antithétique. La phrase se clôt par la relance apportée par le complément circonstanciel de cause (« *sous prétexte de...* ») et la relative (« *qui demandait...* »). L'adjonction de différents types de composition de la phrase permet ainsi de rendre compte de la complexité du phénomène décrit en marquant syntaxiquement les ramifications qu'il peut prendre.

Phrases à paliers

La phrase à paliers procède de façon générale par accumulation de différents syntagmes, correspondant à différents niveaux syntaxiques, qui s'emboîtent de façon complexe. Il s'agit souvent de subordinations qui s'articulent les unes à partir des autres pour construire des sortes de « marches », rendant compte d'une pensée évolutive et cheminant vers une complexité que l'on atteint progressivement.

Exemple

Cette salle, entièrement boisée, fut jadis peinte en une couleur indistincte aujourd'hui, qui forme un fond sur lequel la crasse a imprimé ses couches de manière à y dessiner des figures bizarres. (Balzac, *Le Père Goriot*)

La composition structurelle à laquelle on pourrait parvenir pourrait être la suivante :
Cette salle... fut... peinte en une couleur...
    qui forme un fond
        sur lequel la crasse a imprimé ses couches
            de manière à y dessiner des figures bizarres

Phrase à accumulation

La phrase à accumulation, ainsi que nous la nommons ici, procède par ajouts, agglomération et juxtaposition d'éléments qui ne sont pas coordonnés. L'effet créé est un effet de liste, de martèlement répétitif et le propos semble progresser par des touches variationnelles qui ancrent l'idée maîtresse du passage.

Exemple

Alors, l'esprit perdu dans cette immensité, je ne pensais pas, je ne raisonnais pas, je ne philosophais pas, je me sentais avec une sorte de volupté accablé du poids de cet univers, je me livrais avec ravissement à la confusion de ces grandes idées, j'aimais à me perdre en imagination dans l'espace, mon cœur resserré dans les bornes des êtres s'y trouvait trop à l'étroit, j'étouffais dans l'univers, j'aurais voulu m'élancer dans l'infini. (Jean-Jacques Rousseau, *Troisième lettre à monsieur de Malesherbes*)

Voici le schéma que l'on peut en tracer :
... l'esprit perdu dans cette immensité (complément circonstanciel de manière)
 je [ne] pensais [pas]
   raisonnais
   philosophais
   sentais...
   livrais...
   aimais...
   étouffais...
   aurais voulu...

Phrases en éventail

Il s'agit de structures phrastiques se déroulant à partir d'un verbe central et proposant des syntagmes relativement équivalents. L'impression produite est celle d'un déploiement de la phrase autour d'un noyau qui ouvre sur des branches circulaires.

Exemple

En Angleterre, Collins et Bolingbroke ; en France, Bayle, Fontenelle, Voltaire, Montesquieu et les écoles formées par ces hommes célèbres, combattirent en faveur de la vérité, employant tour à tour toutes les armes que l'érudition, la philosophie, l'esprit, le talent d'écrire peuvent fournir à la raison ; prenant tous les tons, employant toutes les formes, depuis la plaisanterie, jusqu'au pathétique, depuis la compilation la plus savante et la plus vaste, jusqu'au roman, ou au pamphlet du jour ; couvrant la vérité d'un voile qui ménageait les yeux trop faibles, et laissait le plaisir de la deviner ; caressant les préjugés avec adresse, pour leur porter des coups plus certains ; n'en menaçant presque jamais, ni plusieurs à la fois, ni même un seul tout entier ; consolant quelquefois les ennemis de la raison, en paraissant ne vouloir dans la religion qu'une liberté ; ménageant le despotisme quand ils combattaient les absurdités religieuses, et le culte quand il s'élevait contre la tyrannie ; attaquant ces deux fléaux dans leur principe, quand même ils paraissaient n'en vouloir qu'à des abus révoltants ou ridicules, et frappant ces arbres funestes dans leurs racines [...]. (Condorcet, *Esquisse d'un tableau historique des progrès humains*)

Après un groupe nominal à fonction sujet amplement développé (« *En Angleterre, Collins et Bolingbroke ; en France, Bayle, Fontenelle, Voltaire, Montesquieu et les écoles formées par ces hommes célèbres* »), le verbe *combattirent* ouvre la phrase sur des compléments circonstanciels de manière qui viennent se déployer en éventail autour de la proposition principale de la manière suivante :

Groupe nominal sujet + verbe +

    employant...

    prenant...

    employant toutes les formes,

        depuis la plaisanterie, jusqu'au pathétique

        depuis la compilation la plus savante et la plus vaste, jusqu'au roman, ou au pamphlet du jour

    couvrant la vérité d'un voile qui

        ménageait les yeux trop faibles

        laissait le plaisir de la deviner

    caressant...

    n'en menaçant presque jamais,

        ni plusieurs à la fois

        ni même un seul tout entier

    consolant...

    ménageant

        le despotisme quand ils combattaient les absurdités religieuses

        le culte quand il s'élevait contre la tyrannie

    attaquant ces deux fléaux dans leur principe

    frappant ces arbres funestes dans leurs racines

5. Jouer sur le rythme

Il s'agit ici de comprendre comment il est possible d'insuffler un rythme en donnant du mouvement au paragraphe. La majorité des écrits juxtaposent en effet des phrases syntaxiquement équivalentes, qui possèdent un rythme rectiligne et uniforme.

Exemple

L'éducation est souvent conçue comme un processus de transmission et il devient difficile de négliger ceux qui forment les élèves. Longtemps, l'enseignant a été perçu comme un simple représentant de l'institution. Mais il est en réalité au cœur du dispositif et l'on sait que les jugements des maîtres peuvent être décisifs dans la réussite des enfants. On a donc cherché aujourd'hui à mieux connaître la composition et les pratiques pédagogiques de ce groupe.

Le style apparaît dépouillé de tout ornement et la progression est calquée sur une vision temporelle qui oppose trop schématiquement le « *longtemps* » et le « *aujourd'hui* ».

Dans l'attaque des phrases, les syntagmes se présentent de manière répétitive (déterminant + sujet) à l'exception de l'indéfini *on* qui affaiblit quelque peu le propos par sa trop grande généralisation. De surcroît, le vocabulaire employé, même s'il reste relativement soutenu, n'image pas assez le propos et manque d'expressivité.

Enfin, point essentiel, la longueur des éléments rythmiques est relativement équivalente ; elle consiste en un alignement de phrases simples et assez brèves. De fait, l'absence d'orchestration syntaxique, et donc de construction par subordination, altère la portée de la rédaction. La récurrence de structures syntaxiques semblables, le retour de cadences rythmiques identiques et l'uniformité de la ponctuation contribuent à donner une impression de lenteur dans la rédaction et un sentiment de lourdeur dans le style.

Deux conseils peuvent servir de ligne directrice aux corrections et aux aides que nous allons tenter d'apporter ici pour améliorer le rythme de la rédaction :
- évitez de produire des phrases de même longueur ;
- évitez de répéter des propositions qui ont une même structure.

Et n'hésitez pas à être inventif !

Alterner style coupé et style ample

Le style coupé

Le style coupé produit, de façon générale, un mouvement rapide ou accéléré qui va conférer à la rédaction un rythme nerveux et martelé.

Exemple

Taupe se plaignait que sa vue baissât. Hérisson n'avait plus le poil si soyeux que jadis. Tortue sentait ses jambes se rouiller. Colimaçon trouvait sa maison trop lourde et songeait à déménager. Corbeau était enroué et s'en désolait à grands cris rauques. Chouette et Hibou déploraient l'interminable longueur des jours, si fatigants pour les yeux. (André Lichtenberger, Les Contes de Minnie)

Comme dans le texte ci-dessus vous pouvez avoir recours à une variation sur le substantif qui servira d'attaque à votre phrase en créant une impulsion. Mais il existe d'autres procédés pour donner à la phrase un style coupé : en voici quelques exemples.

• L'ellipse

Le style gagne en efficacité par la suppression d'éléments explicatifs :
Six heures du soir.
Je ne peux pas dire que je me sente allégé ni content ; au contraire, ça m'écrase. Seulement mon but est atteint : je sais ce que je voulais savoir ; tout ce qui m'est arrivé depuis le mois de janvier, je l'ai compris. La Nausée ne m'a pas quitté et je ne crois pas qu'elle me quittera de sitôt ; mais je ne la subis plus, ce n'est plus une maladie ni une quinte passagère : c'est moi. (Jean-Paul Sartre, La Nausée)

• L'allitération

La nervosité du rythme est ici produite par les allitérations en [r], [k], [f]et [s] du premier paragraphe et celles en [é], [è] et [in] du deuxième :
Elle est assise sur le bord du coffre qui lui sert de couche. Ses pieds nus pendent, grelottants ; ses mains de poupée maladive ramènent contre sa poitrine les chiffons qui la couvrent. Elle sent une brûlure, un feu qu'elle voudrait éteindre. Elle songe.
Elle n'a jamais eu de jouet. Elle ne peut pas aller à l'école parce qu'elle n'a pas de souliers. Plus petite, elle se rappelle que sa mère l'amenait au soleil. Mais cela est loin. [...] Toujours elle a eu faim. (Emile Zola)

● Une abondante ponctuation

La ponctuation contribue largement à créer des effets de rythme. Il s'agit ici de rendre compte de la vivacité du combat :
– Vive le général ! Vengeons-le ! Alors, emporté par l'élan du régiment entier, le colonel Clicquot éleva sa lame, dans un moulinet, et de toute sa voix commanda :
– Chargez !!
Les sonneries éclatèrent. Les notes rauques, pressées, haletantes, dévidant leur rythme lugubre, s'envolèrent, couvertes par le retentissement des galops. Dans un vent furieux, penchés sur l'encolure, les cavaliers allaient sans voir, les mains crispées sur les poignées du sabre. (Paul et Victor Marguerite, *Les Braves Gens*)

● Des groupes nominaux brefs

Dans ce récit sur la mort de Marie-Antoinette, la brièveté des groupes nominaux donne au texte un effet de halètement, d'oppression, d'attente et contribue à accentuer la théâtralité dramatique de l'événement historique :
Dans Paris, à cinq heures du matin, le tambour bat ; le rappel roule dans toutes les sections. A sept heures, trente mille hommes sont sur pied ; des canons aux extrémités des ponts, des places et des carrefours. A dix heures, la circulation des voitures est interdite dans toutes les rues, du Palais jusqu'à la place de la Révolution, et des patrouilles sillonnent Paris.
Trois cent mille hommes ne se sont pas couchés ; le reste s'est éveillé avant le tambour. La cour de la Conciergerie, les abords de la Conciergerie, le grand perron du Parlement, le pavé, la fenêtre, le parapet, la grille, la balustrade, le toit, le peuple a tout envahi ; il emplit tout et il attend.

● La juxtaposition d'éléments brefs

Les éléments brefs ici juxtaposés créent, de par leur vivacité, un effet de surprise dont tente de rendre compte par la syntaxe hachée le texte ci-dessous :
La duchesse de Mouchy se levait. Une partie des spectateurs l'imita. Une voix impérieuse, celle d'Emilie Girardin cria : Tout le monde debout ! La salle entière se dressa. Chacun se sentait une âme nouvelle, collective, immense [...]. L'orchestre, à pleins cuivres, accompagnait l'hymne glorieux. (Paul et Victor Marguerite, *Le Désastre*)

● Des verbes d'action

Par la multiplication des verbes d'action, la phrase gagne en vitalité. De plus, la segmentation forte met l'accent sur la violence de l'assaut et rend le récit alerte et rapide :

«On sabrait, on dépassait bien les tirailleurs, aussitôt aplatis pour éviter le coup ; ils se relevaient, fusillaient dans le dos ; on s'écroulait encore entre les compagnies de soutien, à peine entamées, qu'on voyait de loin se rassembler au roulement des tambours plats, au cri d'annonce : Cavalerie ! Cavalerie ! (Paul et Victor Marguerite, *Les Braves Gens*)

Le style ample

Le style ample se caractérise par plusieurs aspects.

• Une ponctuation relativement peu dense

Il s'agit ici d'un cas limite avec absence de ponctuation faible :
Aujourd'hui il y a des conversations d'un côté il y a la puissance financière et un formidable esprit de système que rien ne saurait arrêter de l'autre côté il y a la dextérité et la connaissance du terrain au service d'ambitions personnelles qui ne reculent devant rien. (Michel Vinaver, *Par-dessus bord*)

• Des constructions à retardement

Après une montée qui se veut lente, la descente du rythme est elle aussi amortie et retardée par tous les marqueurs temporels qui font effet de balancier sur un *tempo* binaire :
Autant se taire et regarder dehors, par la fenêtre, les velours gris du soir prendre déjà l'avenue d'en face, maison par maison, d'abord les plus petites et puis les autres, les grandes enfin sont prises et puis les gens qui s'agitent parmi, de plus en plus faibles, équivoques et troubles, hésitants d'un trottoir à l'autre avant d'aller verser dans le noir. (Céline, *Voyage au bout de la nuit*)

• Peu de verbes d'action

C'est par des verbes qui ne sont pas porteurs sémantiquement de rapidité et d'action que le poète marque ici le « *bonheur tranquille* », dont il se prévaut, et qu'il oppose à « *la fortune si agitée* » dont il se moque :
Il est bon d'apprendre quelquefois aux heureux de ce monde, ne fût-ce que pour humilier un instant leur sot orgueil, qu'il est des bonheurs supérieurs au leur, plus vastes et plus raffinés. Les fondateurs de colonies, les pasteurs de peuples, les prêtres missionnaires exilés au bout du monde, connaissent sans doute quelque chose de ces mystérieuses ivresses ; et, au sein de la vaste famille que leur génie s'est faite, ils doivent rire quelquefois de ceux qui les plaignent pour leur fortune si agitée et pour leur vie si chaste. (Charles Baudelaire, *Le Spleen de Paris*, XII)

- **Une décélération du rythme en fin de phrase**

Il la voyait à travers les récits du fermier et telle que la circonscrivait le petit carreau de la fenêtre avec ses villages vernis comme des jouets, étiquetés d'enseignes totémiques, mis en page dans un paysage noir et blanc, avec ses forêts étagées en tuyaux d'orgue, avec ses hommes et ses femmes astiquant sans relâche les attributs de leurs fonctions, et surtout avec cette faune emblématique – chevaux de Trakehnen, cerfs de Rominten, élans de l'Elchwald, nuées d'oiseaux migrateurs couvrant la plaine de leurs ailes et de leurs appels – une faune héraldique dont la place était inscrite dans les armoiries de tous les Junker prussiens. (Michel Tournier, *Le Roi des Aulnes*)

- **Des mouvements alternés**

Ces mouvements reposent ici sur la répétition structurelle de la comparaison introduite par *comme* et stigmatisent un balancement qui tend à ralentir le rythme de la phrase :
J'appelais ces dimanches vacants comme une dimension et une profondeur supplémentaire de l'ouïe, comme on cherche à lire l'avenir dans les boules de cristal le plus transparent. Ils me démasquaient un silence de veille d'armes et de poste d'écoute, une dure oreille de pierre tout entière collée comme une ventouse à la rumeur incertaine et décevante de la mer. (Julien Gracq, *Le Rivage des Syrtes*)

Alterner mouvements binaires et mouvements ternaires

Mouvements binaires

- **Dans les phrases**

Il s'agit, au sein de la phrase, de construire des mouvements reposant sur des associations de termes ou d'idées qui s'opposent ou se doublent de manière à créer des balancements où les segments vont deux par deux :
La première qualité de l'Anglais, la dominante, c'est l'activité intense et continue. L'homme civilisé a des besoins moraux, comme il a des besoins physiques : le besoin moral que l'Anglais ressent le plus vivement, c'est le besoin d'agir. Son âme n'est satisfaite que dans l'effort de sa vigueur tendue par son énergie morale. La difficulté l'éperonne, la résistance l'excite et jamais ne le lasse. Une continuité non pareille dans les entreprises les plus ardues, sans lubies ni désespérances. « La stabilité de la race anglaise est la sécurité du monde moderne », a dit Emerson. [...] Il a élevé l'effort au rang d'un acte religieux : travailler, c'est prier. (Max Leclerc, *Les Professions et la société en Angleterre*)

● Au niveau des paragraphes

La même technique peut être étendue à l'ensemble du paragraphe et programmer ainsi une lecture en deux temps où le propos et les idées vont s'organiser de manière à former une sorte de tableau en deux parties.

Dans l'extrait ci-dessous (*Les Caractères*) nous pouvons ainsi voir comment on peut utiliser cet artifice de composition pour créer un portrait en diptyque. Il permet ici à La Bruyère de faire jouer les images de Giton et de Phédon comme deux faces duales d'un même caractère :

Giton a le teint frais, le visage plein et les joues pendantes, l'œil fixe et assuré, les épaules larges, l'estomac haut, la démarche ferme et délibérée. Il parle avec confiance ; il fait répéter celui qui l'entretient, et il ne goûte que médiocrement tout ce qu'il lui dit. Il déploie un mouchoir et se mouche avec grand bruit ; il crache fort loin, et il éternue fort haut. Il dort le jour, il dort la nuit, et profondément ; il ronfle en compagnie. Il occupe à la table et à la promenade plus de place qu'un autre. Il tient le milieu en se promenant avec ses égaux ; il s'arrête et l'on s'arrête ; il continue à marcher, et l'on marche : tous se règlent sur lui. [...]
Phédon a les yeux creux, le teint échauffé, le corps sec et le visage maigre ; il dort peu, et d'un sommeil fort léger ; il est abstrait, rêveur, et il a avec de l'esprit l'air d'un stupide : il oublie de dire ce qu'il sait, ou de parler d'événements qui lui sont connus ; et s'il le fait quelquefois, il s'en tire mal, il croit peser à ceux à qui il parle, il conte brièvement mais froidement ; il ne se fait pas écouter, il ne fait point rire. Il applaudit, il sourit à ce que les autres lui disent, il est de leur avis ; il court, il vole pour leur rendre de petits services.

Mouvements ternaires

Si le mouvement binaire joue sur le parallélisme ou l'opposition, le mouvement ternaire propose, quant à lui, l'introduction d'un élément qui va venir rompre le balancement dual et proposer une troisième voie. Fort recherché dans la rédaction, le mouvement ternaire est, de façon générale, le moyen par lequel l'étudiant apporte une solution à un problème, une idée novatrice. Il permet de matérialiser le dépassement du problème que le sujet soumet au candidat et qui s'exprime ordinairement sur le mode binaire.

● Dans les phrases

Ainsi, il est possible d'intégrer le mouvement ternaire à l'intérieur de la phrase en insérant des syntagmes qui vont travailler un rythme qui ne sera plus celui du balancement mais celui de l'ajout, de la complémentation :

Jean, ce matin-là, un semoir de toile bleue noué sur le ventre, en tenait la poche ouverte de la main gauche, et de la droite, tous les trois pas, il y prenait une poignée de blé, que d'un geste, à la volée, il jetait. Ses gros souliers trouaient et emportaient la terre grasse, dans le balancement cadencé de son corps ; tandis que, à chaque jet, au milieu de la semence blonde toujours volante, on voyait luire les deux galons rouges d'une veste d'ordonnance, qu'il achevait d'user. Seul, en avant, il marchait, l'air grandi ; et, derrière, pour enfouir le grain, une herse roulait lentement, attelée de deux chevaux, qu'un charretier poussait à longs coups de fouets réguliers, claquant au-dessus de leurs oreilles...
Et toujours, du même pas, avec le même geste, il allait au nord, il revenait au midi, enveloppé dans la poussière vivante du grain ; pendant que, derrière, la herse, sous les claquements du fouet, enterrait les germes, du même train doux et comme réfléchi. (Emile Zola)

● **Au niveau des paragraphes**

On peut encore étendre le mouvement ternaire à la totalité du paragraphe pour donner l'impression d'une pensée évolutive qui construit un raisonnement vers une progression et un dépassement :
En effet, le but d'une Encyclopédie est de rassembler les connaissances éparses sur la surface de la terre ; d'en exposer le système général aux hommes avec qui nous vivons, et de le transmettre aux hommes qui viendront après nous ; afin que les travaux des siècles passés n'aient pas été des travaux inutiles pour les siècles qui succèderont ; que nos neveux, devenant plus instruits, deviennent en même temps plus vertueux et plus heureux, et que nous ne mourions pas sans avoir bien mérité du genre humain. [...]
Nous avons vu que cette forme alphabétique, qui nous ménageait à chaque instant des repos, qui répandait tant de variété dans le travail, et qui, sous ces points de vue, paraissait si avantageuse à suivre dans un long ouvrage, avait ses difficultés qu'il fallait surmonter à chaque instant. Nous avons vu qu'elle exposait à donner aux articles capitaux une étendue immense, si l'on y faisait entrer tout ce qu'on pouvait assez naturellement espérer d'y trouver ; ou à les rendre secs et appauvris, si, à l'aide des renvois, on les élaguait, et si l'on en excluait beaucoup d'objets qu'il n'était pas possible d'en séparer. Nous avons vu combien il était important et difficile de garder un juste milieu. Nous avons vu combien il échappait de choses inexactes et fausses ; combien on en omettait de vraies. (Diderot, *Encyclopédie*, article « Encyclopédie »)

Adopter des phrases variables pour un mouvement dynamique

Il s'agit, pour faire varier les mouvements dans la phrase et dans le paragraphe, d'adopter des alternances concertées que l'on peut faire jouer par le recours à la rupture ou à la répétition.

En combinant ces deux types de structures, il est possible de créer un rythme vivant, alerte et servant à mettre en valeur les idées maîtresses du propos.
Si la répétition permet de développer avec douceur et progression ses idées, la rupture sert, en contrepoint, de relance de sorte que la linéarité de la phrase ou du paragraphe apparaît comme une qualité rédactionnelle et non comme une monotonie d'écriture.

Produire des ruptures de linéarité

Nous ne rappellerons pas ici les techniques pour produire des ruptures de linéarité, techniques déjà évoquées précédemment. Nous renverrons seulement aux parties concernant les propositions relatives, les modalités d'insertion ou de rejet, la ponctuation... En un mot, à tout ce qui concerne les effets de mise en relief et de modification de la phrase classique française.
Précisons néanmoins que les bénéfices d'une telle pratique concourront à créer des effets stylistiques de soulignement et de disjonction qui relanceront le rythme de la rédaction en lui permettant de marquer les temps forts du raisonnement.

La répétition

La répétition permet de marteler le propos en lui conférant des effets de rythme qui peuvent être bénéfiques. Utilisée avec précaution et savoir-faire, la répétition peut ainsi créer un mouvement d'élancement et d'amplification :
On voyait très bien comment le pouce industrieux et malveillant avait modelé le front en bosse, percé le nez de deux tunnels parallèles et inquiétants, allongé la démesure de la lippe, et par un chef-d'œuvre caricatural, raboté, poli, verni, la plus minuscule mignonne petite oreille de la création. C'était un nègre dégingandé sans rythme ni mesure. Un nègre dont les yeux roulaient une lassitude sanguinolente. Un nègre sans pudeur et ses orteils ricanaient de façon assez puante au fond de la tanière entrebâillée de ses souliers. La misère, on ne pouvait pas dire, s'était donnée un mal fou pour l'achever. Elle avait creusé l'orbite, l'avait fardée d'un fard de poussière et de chassie mêlées. Elle avait tendu l'espace vide entre l'accrochement solide des mâchoires et les pommettes d'une vieille joue décatie. Elle avait planté

dessus les petits pieux luisants d'une barbe de plusieurs jours. Elle avait affolé le cœur, voûté le dos. Et l'ensemble faisait parfaitement un nègre hideux, un nègre grognon, un nègre mélancolique, un nègre affalé, ses mains réunies en prière sur un bâton noueux. Un nègre enseveli dans une vieille veste élimée. Un nègre comique et laid et des femmes derrière moi ricanaient en le regardant. (Aimé Césaire, Cahier d'un retour au pays natal)

Jouer sur le volume des phrases

Enfin, c'est sur l'intégralité de son texte que doit porter l'attention du rédacteur : non seulement au niveau du paragraphe mais aussi au niveau de l'ensemble de sa composition. Pour ne pas lasser, pour maintenir l'attention de son lecteur, pour donner l'impression de variété, il faut impérativement jouer sur le volume des phrases en adoptant, comme toujours, le principe de l'alternance. Aussi, nous vous conseillons vivement d'adopter des phrases brèves, moyennes ou longues, dans lesquelles vous intégrerez des syntagmes développés ou réduits à leur plus simple fonctionnalité et que vous développerez dans le cadre d'une phrase simple ou complexe.

La multiplicité des structures, aussi bien sur les groupes de mots que sur les phrases ou les paragraphes, détermine votre capacité de composition et conditionne votre style. C'est en faisant preuve de variété et d'imagination dans les combinaisons possibles que vous pouvez effectuer afin d'exprimer vos idées que vous pourrez laisser transparaître **votre** style.

En guise de conclusion à ces conseils stylistiques et avant de vous inviter à les mettre en pratique, voici un extrait résumant les conseils donnés :

Et maintenant allez au Louvre, et regardez le portrait de La Tour. Dans la fleur et la poussière de vie du pastel, une tout autre femme vous apparaîtra. Habillée d'un satin blanc où courent les branchages d'or, les bouquets de roses et les fleurettes, robe d'argent aux grandes manchettes de dentelle s'ouvrant au coude, au corsage fleuri d'une échelle de rubans dont le violet pâle est tendre comme le calice d'un pavot lilas, Mme de Pompadour est assise sur un fauteuil de tapisserie, dans une attitude familière qui retrousse un peu sa jupe et laisse voir un bout de jupon de dentelle, et sous le jupon deux pieds qui croisent l'une sur l'autre deux mules roses au haut talon. Sa main droite appuie à peine, d'un geste qui voltige, sur le papier d'un cahier de musique qu'elle tient de l'autre main, le bras plié et accoudé sur une console. Un œil de poudre est jeté dans ses cheveux. Son regard n'est point au cahier de musique ; doucement distrait, il semble écouter quelque joli rêve, tandis qu'un demi-sourire, d'une sérénité délicieuse, errant sur ses lèvres, rayonne sur tout son visage. (E. et J. de Goncourt, Madame de Pompadour)

PARTIE IV

TESTS ET EXERCICES CORRIGÉS

1. Questionnaires

Questionnaire grammatical

1. Mettez les groupes nominaux entre parenthèses au singulier ou au pluriel, selon le sens de *quelque* :
Nous avons reçu (quelque nouvelle) l'été dernier ; mais depuis (quelque mois) plus rien. (Quelque matin) peut-être le reverrons-nous.

....

....

2. Complétez par *quel*, en l'accordant convenablement :
Les voyages, ... que soit leur destination, nous enrichissent toujours.

3. Complétez par *quel que* (accordé convenablement) ou par *quelque* (accordé ou non) :
a) Exprimez vos opinions, ... elles soient.
b) .... puissants que ces chefs puissent être , ils ne peuvent décider de tout.

4. Accordez convenablement :
a) Elles sont (tout) .... apeurées.
b) Ils sont (tout) .... venus à la session du matin.
c) .... (même) les palets les plus délicats seront charmés par ce mets.

5. Orthographiez correctement les adverbes correspondant aux adjectifs suivants :
a) prudent   ....
b) bruyant   ....
c) gai   ....
d) ardent   ....

6. Complétez correctement :
a) Le personnel (navigant/naviguant) .... au grand complet accueillit l'émir à bord de l'appareil.
b) Le camion (précédent/précédant) .... la voiture freina brutalement.
c) Les enseignants se plaignent qu'il est devenu plus (négligent/négligeant) .... depuis quelque temps.

7. Conjuguez convenablement les verbes suivants :

a) Elle m'a avoué beaucoup de choses, mais elle m'en a (cacher) ....

b) La patience qu'il vous a (falloir) ....

c) Il est (rester) .... une erreur.

d) On ne réalise pas toujours tous les rêves qu'on aurait (vouloir) ....

8. Accordez les participes comme il convient :

a) La police refusa de les relâcher tant qu'elle ne les avait pas interrog... .

b) Si l'on m'avait racont... cette histoire, jamais je ne l'aurais cru... ; il faut l'avoir véc... !

c) La remarque qu'ils ont (fait) .... est très judicieuse, mais ils en ont (formulé) .... d'autres bien hors de propos.

d) Marianne a été (choqué) .... par notre conversation ; je l'ai bien (senti) ....

9. Complétez convenablement par le participe du verbe *laisser* :

a) Quelles informations m'avez-vous .... ?

b) Je n'arrive plus à mettre la main sur les clefs que j'avais .... traîner sur le guéridon.

10. Mettez les noms suivants au pluriel :

a) Une borne-fontaine ....

b) Un timbre-poste ....

c) Un tête-à-tête ....

d) Un abat-jour ....

Questionnaire syntaxique

1. Conjuguez les verbes suivants au passé simple, à la première personne du singulier et à la première personne du pluriel :
a) apercevoir :   ....
b) bouillir :   ....
c) faillir :   ....

2. Faites de même avec les verbes suivants mais au présent de l'indicatif :
a) cueillir :   ....
b) émouvoir :   ....
c) résoudre :   ....

3. Même exercice, cette fois au subjonctif présent :
a) tressaillir :   ....
b) prendre :   ....
c) vouloir :   ....

4. Mettez les verbes entre parenthèses aux temps et aux modes qui conviennent :
a) Il n'y a pas que toi qui (savoir) .... parler allemand.
b) C'est le plus beau compliment que (je recevoir) .... de ma vie.

5. Complétez les terminaisons suivantes :
a) Il faudra que vous pay... pour les réparations de ma voiture.
b) Bien qu'il cour... vite, il arriva trop tard.
c) Je te poserai des questions jusqu'à ce que tu me di... la vérité.
d) « Et moi, ma petite fille, ma mie, je veux que vous vous mari..., s'il vous plaît. » (Molière)

6. Complétez les pointillés en mettant les verbes en italique à l'impératif :
a) – Dois-je *aller* à l'école ce matin ? – Evidemment, ...
b) – Faut-il que je *résolve* ce problème moi-même ? – Oui, je t'en prie, ...

7. Conjuguez convenablement les verbes entre parenthèses :
a) Si j'avais su, je (ne pas venir) ....
b) Si vous (suivre) .... mes conseils, vous ne vous fussiez pas perdus de la sorte.

8. Transformez les phrases suivantes en remplaçant les groupes nominaux en italique par des infinitifs :

a) Les autorités se décidèrent à *l'intervention* ....

b) Les chefs d'Etats commencèrent *les négociations* ....

9. Même exercice, mais en remplaçant les verbes en italique :

a) J'entends qu'*il arrive.*

....

b) Toi, que *tu m'insultes* !

....

10. Conjuguez convenablement les verbes entre parenthèses :

a) Elle ouvrit les volets afin que la lumière du soleil (réchauffer) .... la pièce.

b) Mettez-vous à la lumière que je (voir) .... votre visage.

11. Transcrire au style indirect :

Julie : « – Mais que fait-elle donc ? Je la connais si bien ; ce n'est pas dans son habitude d'être en retard ! »

....

12. Expliquez la différence de sens entre :

a) Le professeur donne des exemples de sorte que chacun comprenne.

b) Le professeur donne des exemples de sorte que chacun comprend.

....

Questionnaire lexical

1. Complétez avec l'adjectif démonstratif qui convient :
a) .... hérisson
b) .... apostrophe
c) .... pétale

2. Remplacez les pointillés par les formes composées de l'adjectif démonstratif qui conviennent :
a) Le jour de la Chandeleur, on confectionne des crêpes ; .... coutume est encore très vivace de nos jours.
b) Tenez, lisez plutôt .... article-.... .

3. Utilisez les formes composées du pronom démonstratif qui conviennent :
a) Ils avaient décidé d'aller au théâtre, mais .... était fermé.
b) .... s'est passé il y a plusieurs semaines.

4. Complétez convenablement :
a) Oncle Arthur commence à avoir de l'emb....point.
b) Les fleurs de ce bouquet e....baument le salon.
c) Le salti....ba....que amuse les enfants.
d) L'infirmière e....maillotte le nouveau-né.

5. Complétez les substantifs suivants :
a) la sueu....
b) la tiédeu....
c) la demeu....
d) la vapeu....

6. Même exercice avec des substantifs se terminant par le son [o] :
a) le rab....
b) le galo....
c) le coquelic....
d) le ballo....
e) l'accro....
f) le lorio....

7. Même exercice avec des mots se terminant par le son [ar] :
a) brancar....
b) épar....
c) homar....
d) couar....

8. Complétez les mots suivants avec *s*, *ss*, *c* ou *ç* :
a) fa....ade
b) ma....ure
c) edifi....e
d) lima....on
e) nouri....on

9. Accentuez comme il convient :
a) evenement
b) oter
c) theatre

10. Orthographiez correctement les mots suivants :
a) intér....essant
b) é....aflure
c) traî....eaux

11. Donnez le féminin en –*ée* correspondant à chacun des mots suivants :
a) poing ....
b) bec ....
c) tour ....

12. Ecrivez le substantif correspondant à chacun des adjectifs qualificatifs suivants :
a) une eau limpide ....
b) un animal vorace ....
c) une humeur légère ....

13. Complétez comme il convient les phrases suivantes :
a) Le sommelier est descendu dans le (sellier/cellier) ....
b) Laurent n'a plus la (cote/cotte) .... auprès de ses beaux-parents.
c) Allons nous (délasser/délacer) .... au bord de l'eau.
d) Elle me tança avec (affection/affectation) ....

14. Trouvez pour les verbes suivants, qui appartiennent au registre soutenu, un synonyme dans le registre courant :
a) rasséréner ....
b) maculer ....
c) prodiguer ....

15. Même exercice, mais cette fois du registre courant vers le registre soutenu :

a) chaparder ....

b) embobiner ....

c) ergoter ....

Questionnaire sur la langue usuelle

Complétez les phrases suivantes avec un des éléments entre parenthèses :

1. Ce mot connaît plusieurs (acceptions/acceptations) ....

2. Je n'ai pas l'intention de m'excuser auprès de (cet/cette) .... espèce de malotru.

3. Notre voisin (jouit/souffre) .... d'une mauvaise réputation.

4. Pour atteindre l'autre rive, il vous faudra (passer/traverser) .... le pont des Arts.

5. Prenez la première à droite puis montez (l'escalier/les escaliers) ....

6. Rendez-vous à midi (précise/précis) ....

7. Il déteste la routine, le (train-train/tran-tran) .... quotidien.

8. Il nous a (rabattu/rebattu) .... les oreilles avec ses interminables conseils.

Donnez la signification des phrases suivantes :

9. Ce magasin est bien achalandé.
....

10. Naguère, on pouvait acheter une baguette pour 4,50 francs.
....

2. Exercices

Voici quelques exercices proposant une mise en pratique des conseils formulés précédemment. Vous trouverez trois grandes sections qui se veulent évolutives dans leur accès à une autonomie rédactionnelle.

La première concerne « le bon usage ». Elle vous invite ainsi à vérifier que vous avez bien intégré les conseils donnés tout au long de l'ouvrage afin d'éviter les erreurs fréquemment rencontrées dans les écrits. Des corrigés sont fournis pour aider à la vérification. Nous vous conseillons, lorsque vous rencontrez des difficultés, de vous reporter au chapitre ou paragraphe correspondant dans ce livre, et éventuellement de compléter par le recours à une grammaire.

La deuxième section d'exercices reprend la question fondamentale du lexique et de la syntaxe ; elle propose ainsi des entraînements à l'enrichissement et à la précision lexicale ainsi que des activités rédactionnelles de substitution et de transformation de la phrase. Des corrigés vous permettront, là encore, de vérifier la justesse et l'exactitude de vos réponses sans pour autant prétendre au modèle à atteindre (d'autres solutions peuvent être proposées).

Enfin, la dernière section d'exercices, intitulée « Page blanche », est une invitation à l'autonomie rédactionnelle puisqu'elle repose essentiellement sur des travaux de rédaction conditionnés par des contraintes stylistiques ou syntaxiques. Vous devrez ainsi apprendre à rédiger avec style tout en intégrant dans votre texte des éléments prédéterminés. Pour ce faire, nous vous conseillons d'opter pour une première rédaction que vous retravaillerez ensuite en intégrant les éléments demandés par les consignes. Si le travail de rédaction est guidé, aucune correction ne sera proposée pour ainsi donner libre cours à votre expressivité, votre imagination et votre fantaisie. En un mot, pour vous donner l'envie de rédiger selon votre style !

Le bon usage

La ponctuation

1) Ponctuez le texte suivant.

« Monsieur Jourdain est un bourgeois fortuné mais sot son plus cher désir est de devenir gentilhomme pour cela il recherche par tous les moyens à acquérir les bonnes manières de la haute société et courtise une marquise il veut également que sa fille épouse un noble alors que celle-ci aime un homme honorable qui n'est pas gentilhomme le père tyrannique arrivera-t-il à se faire obéir le bourgeois parviendra-t-il à tout acheter même le cœur d'une femme la ruse des valets aura-t-elle raison du maître de maison »

2) Même consigne.

« La table est carrée puisque le système de rallonges inutile pour si peu de personnes n'a pas été mis les trois couverts occupent trois des côtés la lampe le quatrième sur le buffet à gauche de la seconde lampe c'est-à-dire du côté de la porte ouverte de l'office sont empilées les assiettes propres qui serviront au cours du repas à droite de la lampe et en arrière de celle-ci contre le mur une cruche indigène en terre cuite marque le milieu du meuble plus à droite se dessine sur la peinture grise du mur l'ombre agrandie et floue d'une tête d'homme celle de Frank il n'a ni veste ni cravate et le col de sa chemise est largement déboutonné mais c'est une chemise blanche irréprochable en tissu de belle qualité ». (texte transformé d'Alain Robbe-Grillet, *La Jalousie*).

3) Dans la phrase ci-dessous, quelle est la fonction grammaticale du participe « *chargé* » ? Aurait-il la même fonction si la virgule qui le précède était supprimée ?

« Lorsque, dans le silence de l'abjection, l'on n'entend plus retentir que la chaîne de l'esclave et la voix du délateur ; lorsque tout tremble devant le tyran, et qu'il est aussi dangereux d'encourir sa faveur que de mériter sa disgrâce, l'historien paraît, chargé de la vengeance des peuples. » Chateaubriand

Réponse :

....

....

4) Dans la phrase ci-dessous, quelle est la fonction grammaticale de l'adjectif « *pesant* » ? Aurait-il la même fonction si les virgules qui l'encadrent étaient supprimées ?

« Le bras qui s'agitait tout à l'heure en signe d'adieu reste à présent, pesant, sur l'épaule de son compatriote. »

Réponse :

....

....

5) Vous êtes correcteur dans un journal : quelles corrections allez-vous apporter à cette épreuve d'article avant de l'envoyer au tirage ?

« Bernard Lanquenet, le jeune vainqueur de Paris-Nice, a commencé de courir dès l'âge de douze ans dans les rues de son village natal avec ses petits copains. On organisait des courses contre la montre entre les deux hameaux me dit-il avec virage sur la place de l'église et devant l'école. Puis il a participé au vingtième critérium du Nivernais ; avec un vélo de course qui lui avait été prêté, on l'a découvert à cette occasion. Depuis, je ne me suis pas mal défendu dans les courses régionales mais c'est ma première grande victoire nationale. Bien entendu, il guigne le maillot jaune dans le Tour de France. Je crains que ce ne soit pas encore pour cette année, conclut-il avec modestie. »

L'accentuation

6) Mettez les accents qui conviennent sur les mots en italique.

1. Là *ou* ils iront en vacances *ou* ils feront du bateau *ou* de l'aviron.
2. Le montant *du* devra être payé avant la date *du* 15 juin.
3. *La,* regardez ; vous *la* découvrirez sous un autre jour.
4. *La voila* qui arrive.
5. Il ne suffit pas d'avoir *cru* à la hausse de la bourse pour que les résultats aient *cru.*

7) Accentuez les mots suivants.

1. avenement
2. evenement
3. eveque
4. gater

5. deja
6. ephemere
7. reglement
8. trone
9. chatiment
10. extremite

8) Placez les accents circonflexes, si nécessaire, sur les mots en italique.

1. Quand on est *jeune*, on ne doit pas faire de *jeune* car cela affaiblit trop l'organisme.
2. J'ai vu un fruit bien *mur* qui était tombé de l'arbre sur le *mur* voisin.
3. Paye-moi mon *du*.
4. Je suis *sur* que ce livre était il y a quelques instants *sur* la table et non *sur* l'étagère.
5. Pressing : sa *tache* est d'enlever les *taches* !
6. Hier *matin* un *matin* a failli me mordre. J'ai eu très peur.
7. Promotion : la *cote* de veau a la *cote* !
8. *Notre* situation n'est pas la *votre*. *Votre* situation n'est pas la *notre*. Mais je suis *sur* que nous parviendrons à un compromis *sur* le prix de vente.

9) Placez les accents circonflexes si le cas l'exige.

1. naitre
2. role
3. emmeler
4. patre
5. patrie
6. theatre
7. titre
8. tache
9. piqure
10. symptome
11. fenetre
12. ame
13. atre
14. amie
15. pecheur (à la ligne)
16. pecheur (sens religieux)

10) Remettez les accents dans le texte suivant.

« Il fut depute, longtemps ; il est senateur ; et sa situation politique a presque toujours depasse le grade politique ou il etait parvenu [...] ; aussi connait-il parfaitement la politique et n'est-il presque jamais, comme Jaurès, emu des grandeurs qu'elle parait conferer. [...] Son temperament meme est un exemple persistant d'un ancien temperament ; indivisement il represente le temperament des anciens republicains [...]. Il suscite meme aujourd'hui des amities et des admirations, des le premier abord, des le premier choc, parmi de tout jeunes gens, socialistes, qui preferent son radicalisme natif et verjuteux aux vanites oratoires d'un socialisme scolaire. » (Charles Péguy, *Cahiers de la Quinzaine*, V, 12, portrait de Georges Clemenceau).

11) Mettez le tréma là où il convient.

1. aigue
2. naif
3. aieul
4. filleul
5. ambiguite
6. pointue
7. bienvenue
8. ambigue

L'orthographe

12) Voici, à titre de curiosité, la dictée que Mérimée donna, dit-on, à Napoléon III et à son entourage. L'histoire raconte que l'empereur fit 50 fautes et l'Impératrice 90 ! A vous de jouer en corrigeant les orthographes fausses.

« Pour parler sans ambiguité, ce dîner à Sainte-Adresse, près du Havre, malgrè les efluves embaumées de la mer, malgrè les vins de très bon cru, les cuissots de veau et les cuissots de chevreuil prodigués par l'amphitrion, fut un vrai guepier. Quelque soient, et quelles que exigus qu'aient pu paraître, à côté de la somme dûe, les arres qu'étaient sensés avoir donné la douairière et le marguillier, il était infame d'en vouloir pour cela à ces fusillers jumeaux et malbatis, et de leur infliger une raclée, alors qu'ils ne songeaient qu'à prendre des rafraîchissements avec leur correligionnaires.
Quoiqu'il en soit, c'est bien à tord que la douairière, par un contre-sens exhorbitant, s'est laissée entraîner à prendre un rateau et qu'elle s'est crue obligé de

fraper l'exigeant marguillier sur son homoplate vieilli. Deux alvéoles furent brisées, une dyssenterie se déclara, suivie d'une phtisie.

"Par Saint-Martin, quelle hémoragie !" s'écria ce bélître. A cet événement, saisissant son goupillon, ridicule excédant de bagage, il la poursuivit dans l'église toute entière. »

13) Rayez les orthographes fausses.

1. passionnément/passionément
2. attirance/atirance
3. constamment/constammant/constament/constamant
4. échapatoire/échappatoire
5. aparence/apparence
6. amender/ammender
7. immobilier/imobilier
8. opprobre/oprobre
9. arrhes/arhes
10. occurrence/ocurence
11. dommage/domage

14) L'adjectif se termine-t-il par -ain, -in ou -un ?

1. mond...
2. hum...
3. soud...
4. souver...
5. clandest...
6. consang...
7. opport...

15) Quel est le masculin des adjectifs suivants ?

1. gratuite   ....
2. insolite   ....
3. subite   ....
4. fortuite   ....

16) Classez les adjectifs suivants en deux ensembles, selon l'orthographe de leur féminin. Justifiez votre classement.

civil
viril
puéril
gentil
vil

Réponse :

....

17) Orthographiez correctement les participes passés au masculin des verbes suivants.

1. surprendre
2. dire
3. saisir
4. partir
5. décrire
6. permettre
7. exclure
8. inclure

18) Transposez ces phrases dans un français correct.

1. Ma mère est fâchée après moi.

....

2. Moi, j'ai jamais dit du mal de la voisine.

....

3. Une brave femme que c'était, la mère Louise !

....

4. Cache-toi vite pour pas qu'on te trouve.

....

5. Tachez moyen de venir pour l'apéro.

....

6. Je ne sentais plus mes doigts tellement que j'avais froid.

....

7. J'ai acheté une revue pour moi lire dans l'avion.

....

8. Comme tenue de route, on a vu mieux !

....

9. Les deux témoins que les gendarmes ont interrogés ont répondu pareil.

....

10. Ta femme est pareille que la mienne : elle dit n'importe quoi.

....

11. On a vu le film que je te parlais hier.

....

12. Ce n'est pas un travail facile, mais tu t'en sors bien.

....

13. Il y avait quelque chose comme trente personnes devant la mairie.

....

14. Ces vestes coûtent trente euros chaque.

....

15. Vous ne pouvez pas vous figurer ce que j'étais en colère.

....

19) Remplacez les pointillés par *beaucoup* ou *très*.

1. La connaissance de l'anglais est aujourd'hui .... importante.
2. Ma connaissance du pays m'a .... servi pour mes entretiens.
3. La déclaration des syndicats a .... impressionné les ouvriers.
4. De nombreuses villes ont été .... affectées par la chute de la fréquenta-tion touristique.
5. Excellent orateur, il était .... estimé de l'Assemblée.
6. Ce vieil homme se montrait .... à cheval sur les principes de courtoisie.

7. Les températures vont rester .... au-dessous de la normale saisonnière.
8. En arrivant de la promenade, j'étais exténué et j'avais .... soif.
9. J'ai .... aimé la pièce de théâtre que nous sommes allés voir la semaine passée.

20) L'emploi de la préposition *de* est-il justifié dans la phrase ci-dessous ?

« Cette aptitude de tout nier, de tout vouloir considérer comme faux paraissait contradictoire avec ses discours ».

Réponse :

....

....

21) Complétez les phrases suivantes en utilisant les prépositions qui conviennent. Précisez si vous avez le choix entre plusieurs propositions.

1. Il n'était pas disposé .... l'indulgence. Sa décision était prise et il s'y tiendrait.
2. Il pensait que sa réaction était disproportionnée .... l'ampleur de l'événement.
3. Les éléments nécessaires .... établir les causes du décès étaient réunis : les marques de strangulation qu'il portait à son cou étaient évidentes.
4. La stratégie qu'il voulait développer était également précieuse .... artisans et .... marchands.
5. Indulgent .... soi ; sévère .... tout le monde. C'est ainsi qu'il s'attaquait à dénoncer les vices de la société sans pour autant s'attacher aux siens.

Le vocabulaire

22) Replacez les mots suivants là où il convient : *alternative, avatar, s'avérer, bout, disputer, dur, risquer de, soi-disant.*

« Visitons ma nouvelle maison. J'ai .... ne pas pouvoir l'acheter car le .... propriétaire était en réalité un escroc. De surcroît, nous étions deux personnes intéressées par l'achat et nous nous la sommes .... Je n'avais qu'une .... : soit proposer un prix plus élevé pour emporter la vente, soit me résoudre à ne pas l'acheter. Enfin, c'est moi qui l'ai emporté. Mais je ne te cache pas que j'ai dû faire d'importants travaux. Durant ces dernières années, elle avait connu de nombreux .... J'ai décidé d'abattre la façade même si la pierre s'est révélée très .... et j'ai installé le salon au .... du couloir. »

23) Corrigez les termes qui vous semblent faux.

« Cet incroyable comme ça fille lui ressemble. Je ne sais pas si c'est à cause de quel que tache de rousseur qui détonnent un peu sur sa peau de brune – ce qui ne paraît pas l'est – ou si sait un air qu'elle à en commun avec elle. Quoiqu'il en soit, elles s'ont bien semblables. J'en reste toute étonnée même si on me la dit il y a peu de temps encore mais sa me laisse perplexe ! »

24) Selon vous, l'emploi des termes en italique est-il juste (J) ou faux (F) ?

	J	F
1. Elle n'avait pas d'autre *alternative* que de quitter la maison pour fuir ce mari jaloux et despote.		
2. Elle prit un *bout* de pain et de fromage et alla les porter au mendiant qui était endormi près de sa porte.		
3. C'était une *soi-disant* voyante qui se disait aussi « extralucide ».		
4. Tu ne peux pas imaginer combien cela a été *dur* de se séparer de lui après tant d'années de vie commune.		
5. La figure du poète a connu de nombreux *avatars* au cours des siècles : tout d'abord représenté comme inspiré par les muses, il devient chez Baudelaire l'albatros cloué au sol.		
6. Nous nous sommes *disputés* au sujet de la politique. Quelle querelle idiote !		
7. Si la conjoncture continue ainsi, nous *risquons* de tout perdre.		
8. C'est un homme de parole. Il est *conséquent* dans les décisions qu'il prend.		
9. Il avait décidé de *commémorer* l'anniversaire de la mort de son grand-père comme un souvenir d'un passé révolu.		
10. Il a *commis* une action tellement répréhensible en trompant Jeanne que jamais je ne pourrai le lui pardonner.		

Jeux de mots

Trouver

25) Trouvez au moins vingt synonymes du verbe *discuter*. Vous les classerez selon les catégories : registre familier, courant ou soutenu.

Familier	Courant	Soutenu
....	....	....
....	....	....
....	....	....
....	....	....
....	....	....

26) Trouvez au moins vingt synonymes du substantif *manie*. Vous les classerez selon leur degré d'expressivité, du plus neutre au plus fort.

Réponse :

....

....

27) Trouvez au moins vingt synonymes au verbe *aider*. En écrire au moins deux qui soient familiers.

Réponse :

....

....

28) Trouvez vingt synonymes de l'adjectif *sympathique* et classez-les en deux catégories, selon s'ils s'appliquent à un animé ou à un inanimé.

Animé	Inanimé
....	....
....	....
....	....
....	....
....	....
....	....
....	....
....	....
....	....

29) Trouvez au moins quinze synonymes soutenus ou courants de *courage*.

Réponse :

....

....

30) Trouvez trente synonymes de *méchant* parmi lesquels vous distinguerez ceux qui sont franchement familiers.

Réponse :

....

....

31) Trouvez trente synonymes du verbe *soumettre* puis classez-les en deux catégories : pronominaux et non pronominaux. Vous distinguerez ensuite ceux qui ont un emploi neutre ou favorable de ceux qui ont un emploi non favorable.

Pronominaux		Non pronominaux	
Neutre/favorable	Non favorable	Neutre/favorable	Non favorable
....	....	....	....
....	....	....	....
....	....	....	....
....	....	....	....
....	....	....	....
....	....	....	....
....	....	....	....
....	....	....	....

Substituer

32) Substituez à l'adjectif *gros* d'autres adjectifs ayant le même sens (minimum 8).
« Quel volume ! Cet homme est vraiment *gros* ! ».
Réponse :

....

....

33) Substituez au verbe *montrer* un verbe ou une locution verbale ayant un sens plus précis.

1. Patrick est heureux de *montrer* sa fiancée à ses amis.

....

2. Quand on est aussi jolie, il ne faut pas de se *montrer* sur la plage.

....

3. Seule une analyse de sang pourra *montrer* s'il a une mononucléose.

....

4. Il ne *montra* aucune émotion.

....

5. Il n'a pas pu trouver les mots pour me dire combien je lui avais manqué mais il me l'a bien *montré*.

....

6. Avant de vous louer cet appartement, on vous demandera certainement de *montrer* vos bulletins de salaire.

....

7. Elle a beau tout faire pour dissimuler ses cinquante-cinq ans, ses rides *montrent* son âge.

....

8. Cette manière de faire *montre* combien il est jaloux.

....

9. Son mémoire de thèse *montre* beaucoup de sérieux.

....

34) Substituez le terme *côté* dans la phrase « *Côté travail, je m'en sors plutôt bien* » par des expressions équivalentes (12 minimum).

Réponse :

....

....

35) Substituez au verbe *mettre* un autre verbe de sens plus précis.

1. Il a *mis* une veste. ....
2. Il a *mis* les couverts sur la table. ....
3. Il *met* l'échelle contre le toit. ....
4. Il *met* le chauffage central dans toute la maison. ....
5. Il a *mis* son vieux fauteuil au grenier. ....
6. Il a *mis* une citation dans le paragraphe. ....
7. Il a *mis* une annonce dans le journal. ....
8. Cela lui a *mis* beaucoup de temps pour y arriver. ....
9. Il l'a *mis* au pied du mur. ....
10. Il a *mis* un garde en faction devant chez lui. ....

36) Substituez au verbe *voir* un autre verbe ou locution verbale de sens plus précis.

1. Malgré les nuages, on peut *voir* le soleil. ....
2. Elle a *vu* ce qu'il complotait. ....
3. Il n'a pas *vu* que j'avais acheté une nouvelle robe. ....
4. Des experts ont été nommés pour *voir* l'évolution des travaux. ....
5. Je lui ai dit ses quatre vérités et depuis il ne peut lus me *voir*. ....
6. Malgré tous ses efforts, je le *vois* mal médecin. ....
7. A le *voir* sous cet aspect, je me range à votre opinion. ....
8. Il s'est décidé à aller *voir* un médecin. ....
9. Il y a un an, j'ai *vu* une éclipse de soleil. ....
10. Il a bien *vu* que je n'étais pas contente. ....

37) Même consigne pour le verbe *remettre*.

1. Il a *remis* le livre dans la bibliothèque après l'avoir consulté. ....

2. Il m'a fait un grand signe de la main mais je
n'arrive pas à *remettre* qui il est.   ....

3. Ne jamais *remettre* à demain ce que l'on
peut faire le jour même.   ....

4. Il a été si affaibli par sa maladie qu'il ne parvient
pas à se *remettre*.   ....

5. Il est ruiné et il ne pourra jamais s'en *remettre*.   ....

6. Je vous *remets* ces documents à signer.   ....

38) Trouvez un équivalent à chacun des termes suivants dans le registre soutenu.

1. fabriquer   ....
2. risquer   ....
3. pousser à   ....
4. détente   ....
5. détester   ....
6. craindre   ....

39) Remplacez les verbes en italique par d'autres mots de sens plus précis.

« Le précepte le plus connu de la philosophie, tant païenne que chrétienne, *est* celui de se connaître soi-même, et il *n'y a* rien en quoi les hommes ne soient plus accordés que dans l'aveu de ce devoir : c'*est* une de ces vérités sensibles qui *n'ont point besoin* de preuves, et qui *trouve* dans tous les hommes un cœur qui les *sent*, et une lumière qui les approuve. Il faut faire d'autant plus d'état de ces principes, dans lesquels les hommes se *trouvent* unis par un consentement si unanime, que cela ne *leur arrive* pas souvent. Leur humeur vaine et maligne les a toujours portés à se contredire les uns les autres, quand ils en ont *eu* le moindre sujet. » (Nicole, *Essais de morale*)

Réponse :

....

....

40) Remplacez la subordonnée relative par un adjectif qualificatif ayant le même sens.

1. Une réflexion qui révèle la capacité à bien juger.   ....
2. Une remarque qui vient à propos.   ....
3. Une rencontre qui se produit tout à fait à propos.   ....
4. Une réaction qui convient à la situation.   ....

5. Un article qui cherche à attaquer quelqu'un. ....

6. Une étude qui épuise à fond un sujet. ....

7. Un esprit qui voit clairement les choses. ....

8. Un observateur à qui rien n'échappe. ....

9. Un juge qui reste insensible à la pitié. ....

10. Une soif que l'on ne peut calmer. ....

11. Une personne qui parle beaucoup. ....

41) Transformez les phrases suivantes en les mettant à l'infinitif.

1. Après que vous aurez traversé le carrefour, longez le canal jusqu'à l'écluse.

....

2. Après qu'il a reçu les ordres de la tour de contrôle, l'avion peut atterrir.

....

3. Après qu'il a entendu le signal, le garde-barrière déclenche le dispositif de sécurité.

....

4. Avant que je ne vous connaisse, j'avais entendu parler de vous.

....

5. Avant qu'ils ne quittent le port, les pêcheurs consultent la météo.

....

6. Avant qu'on ne construise ce nouveau pont, il a fallu édifier d'énormes soubassements.

....

7. Après qu'ils eurent consciencieusement parcouru tout le château, les rats se sentirent tranquilles.

....

8. Après qu'il eut freiné brutalement, le conducteur du véhicule comprit que sa réaction avait été une imprudence.

....

42) Transformez les phrases suivantes en utilisant une proposition subordonnée à la place du groupe nominal ou de l'infinitif complément circonstanciel de temps.

1. La cordée a quitté le refuge avant le lever du soleil.

....

2. Avant d'entrer dans ma cellule il a fallu me dépouiller de mes affaires personnelles.

....

3. Dès le premier coup d'œil, je vis que l'architecte avait bien travaillé.

....

4. La compagnie se sépara après s'être promis de se revoir rapidement.

....

5. Sa résolution prise, il la maintint jusqu'au dernier moment de sa vie.

43) Distinguez selon des critères de définition, de niveau de langue, de fonctionnement grammatical les quatre parasynonymes suivants.

Désapprouver
Blâmer
Vitupérer
Invectiver

44) Réécrivez la phrase, sans omettre aucun élément de sens : « *Avais-je souffert du déplaisir dans lequel me plongeait la mésalliance de Paul ?* » en l'amorçant par :

1. Souffrant ....

2. Le déplaisir ....

3. Paul ....

4. Plongé ....

5. La mésalliance ....

45) Remplacez la phrase « *J'étais conviée à aller retrouver le groupe d'amis de Cécile dans une station balnéaire huppée* » par une autre phrase de sens équivalent et dont les premiers mots seraient :

1. Aller ....

2. Que j'aille ....

3. Les retrouvailles ....

46) Remplacez la phrase « *Même si vous alliez au bout du monde, je vous rejoindrai* » par une autre phrase commençant par :

1. Quand bien même ....

2. Pour peu que ....

3. Vous auriez ....

4. (Une infinitive) ....

5. (Un verbe à l'impératif) ....

6. Qu'importe ....

Page blanche : à vous de rédiger...

Réécrire

47) Réécrivez le texte suivant de Guy de Maupassant dans un langage plus soutenu.

« Le lendemain, l'aubergiste entra dans la cour de la mère Magloire, puis tira du fond de sa voiture une petite barrique cerclée de fer. Puis il voulut lui faire goûter le contenu, pour prouver que c'était bien la même fine ; et, quand ils en eurent encore bu chacun trois verres, il déclara en s'en allant :
– Et puis, vous savez, quand n'y en aura pu, y en a encore ; n'vous gênez point. Je n'suis pas regardant. Pu tôt que ce sera fini, pu que je serai content. [...]
Il revint quatre jours plus tard. La vieille était devant la porte, occupée à couper le pain de la soupe.

Il s'approcha, lui dit bonjour, lui parla dans le nez, histoire de sentir son haleine. Et il reconnut un souffle d'alcool. Alors son visage s'éclaira. – Vous m'offrirez bien un verre de fil ? dit-il. Et ils trinquèrent [...]. Mais bientôt le bruit courut dans la contrée que la mère Magloire s'ivrognait toute seule. On la ramassait tantôt dans sa cuisine, tantôt dans sa cour, tantôt dans les chemins des environs, et il fallait la rapporter chez elle, inerte comme un cadavre. [...]
– C'est-il pas malheureux, à son âge, d'avoir pris c't'habitude-là ? Voyez-vous, quand on est vieux, y a pas de ressources. Ca finira bien par lui jouer un mauvais tour !
Ca lui joua un mauvais tour, en effet. Elle mourut l'hiver suivant, vers la Noël, étant tombée, soûle, dans la neige.
Et maître Chicot hérita de la ferme en déclarant :
– C'te manante, si alle s'était point boissonnée, alle en avait pour dix ans de plus. »

48) Réécrivez le texte qui suit dans un langage plus soigné.

« Le professeur Sassaigne qui a examiné le corps m'explique dans l'oreille gauche que le défunt a reçu une manchette sur la nuque au "point Z" [...] un coup terrible que seuls pratiquent certains lutteurs nippons ayant accédé à l'initiation finale. Il s'interrompt à cause d'un remue-ménage. Quatre motards [...] viennent de pénétrer dans le local. Ils forment la haie et gardavousent. [...] Le Gros, rasé de frais, talqué jusqu'aux oreilles, chemisé de blanc, cravaté de noir. Des membres de police sont sur ses talons. Chefs en tout genre [...]. La morgue est pleine tout à coup de cette foule étrange. Bérurier s'approche du chariot où repose notre vieux compagnon. Il s'incline, comme il l'a vu faire si souvent par ses prédécesseurs devant la dépouille des flics morts au champ d'honneur, puis il va à Mme Pinaud, lui presse longuement la main en déclamant :
Condoléances émues, sincères et véritab'ment navrées, chère maâme. »
San Antonio, *Bacchanale chez la mère Tatzi*.

49) Même consigne.

« – Docteur, je vous prie d'examiner bien cet enfant. Vous m'avez défendu les émotions, à cause de mon cœur, et il a vendu ce qu'il avait de plus cher au monde et il a jeté cinq cents francs dans l'égout [...]. Le docteur Katz [...] soignait tout le monde du matin au soir et même plus tard. J'ai gardé de lui un très bon souvenir, c'était le seul endroit où j'entendais parler de moi et où on m'examinait comme si c'était quelque chose d'important. Je venais souvent tout seul, pas parce que j'étais malade, mais pour m'asseoir dans sa salle d'attente. Je restais là un bon moment. Il voyait bien que j'étais là pour rien et que j'occupais une chaise alors qu'il y avait tant de misère dans le monde, mais il me souriait toujours très gentiment et n'était pas fâché. » (Romain Gary, *La Vie devant soi*)

50) Quel est le sujet commun à ces trois textes littéraires ? Qualifiez le niveau de langage dans les extraits suivants. Quelles sont les caractéristiques qui permettent de définir le niveau de langage dans les extraits suivants : vocabulaire, syntaxe, rythme... ?

« On l'a dit souvent, le nègre est l'homme de la nature. Il vit traditionnellement de la terre et avec la terre, dans et par le cosmos. C'est un *sensuel*, un être aux sens ouverts, sans intermédiaire entre le sujet et l'objet, sujet et objet à la fois. Il est sons, odeurs, rythmes, forces et couleurs [...]. Il sent plus qu'il ne voit : il se sent [...]. Il meurt à soi pour renaître dans l'autre. Il n'est pas assimilé ; il s'assimile, il s'identifie à l'Autre, ce qui est la meilleure façon de le connaître. C'est-à-dire que le nègre n'est pas dénué de *raison* comme on a voulu me le faire dire. » (L. S. Senghor, *Ce que l'homme noir apporte*, dans *Liberté I*, 1964)

« Il n'osait pas entrer le sauvage. Un des commis indigènes l'invitait pourtant : "Viens bougnoule ! Viens voir ici ! Nous y a pas bouffer sauvages !" Ce langage finit par les décider. Ils pénétrèrent dans la cagna cuisante au fond de laquelle tempêtait notre homme au "corocoro" [...]. C'était la première fois qu'ils venaient comme ça tous ensemble de la forêt vers les Blancs en ville. Ils avaient dû s'y mettre depuis bien longtemps les uns et les autres pour récolter tout ce caoutchouc-là. Alors forcément le résultat les intéressait tous. C'est long à suinter le caoutchouc dans les petits godets qu'on accroche au tronc des arbres. Souvent, on n'en a pas plein un petit verre en deux mois. Pesée faite, notre gratteur entraîna le père, éberlué, derrière son comptoir et avec un crayon lui fit son compte et puis lui enferma dans le creux de la main quelques pièces en argent. Et puis : "Va t'en ! qu'il lui a dit comme ça. C'est ton compte !..." Tous les petits amis blancs s'en tordaient de rigolade, tellement il avait bien mené son business. Le nègre restait planté penaud [...]. » (Louis Ferdinand Céline, *Voyage au bout de la nuit*)

« Si j'avais à soutenir le droit que nous avons eu de rendre les nègres esclaves, voici ce que je dirais : [...]
Il est si naturel de penser que c'est la couleur des cheveux qui constitue l'essence de l'humanité, que les peuples d'Asie, qui font les eunuques, privent toujours les noirs du rapport qu'ils ont avec nous d'une façon plus marquée.
On peut juger de la couleur de la peau par celle des cheveux, qui, chez les Egyptiens, les meilleurs philosophes du monde, étaient d'une si grande conséquence, qu'ils faisaient mourir tous les hommes roux [...].

Il est impossible que nous supposions que ces gens-là soient des hommes ; parce que, si nous les supposions des hommes, on commencerait à croire que nous ne sommes pas nous-mêmes chrétiens.

De petits esprits exagèrent trop l'injustice que l'on fait aux Africains. Car, si elle était telle qu'ils le disent, ne serait-il pas venu dans la tête des princes d'Europe, qui font entre eux tant de conventions inutiles, d'en faire une générale en faveur de la miséricorde et de la pitié ? » (Montesquieu, *De l'Esprit des lois*, XV, 5)

51) Remplacez la phrase « *La souffrance de sa sœur ne l'empêche pas de continuer à se plaindre* » par une autre phrase qui commencerait par :

1. Un groupe nominal complément :

2. Une proposition qui soit au participe présent :

3. Un groupe infinitif :

4. *Sa sœur* comme sujet du verbe principal :

5. L'idée de continuation :

6. La notion de souffrance :

7. Une proposition subordonnée suivie d'une proposition principale :

52) Dans le texte suivant, relevez les termes relatifs au champ lexical du cheval et de son équipement.

« Le lien assuré autour de l'encolure, il porta l'une des extrémités de la corde vers le chanfrein et acheva sans hâte de nouer ce simple licol sur le côté de la bouche. L'étalon n'eut pas un geste d'impatience. Lorsqu'il saisit l'autre bout et le tendit comme une courte longe, le garçon sentit avec plaisir que l'animal était désormais solidaire de ses mouvements [...]. Puis d'un bond, en saisissant la crinière, un pied en appui sur la jambe du cheval, il se hissa sur le garrot. Il donna des talons et la bête obéit à son nouveau maître. [...] Just se tenait bien droit, mais à sa fierté se mêlait un peu de crainte. Il n'était habitué à monter que les rosses efflanquées du domaine [...]. Il tenait à peine la simple rêne au bout de ses longues mains. Ce relais, presque invisible, unissant sa volonté à la force du cheval, paraissait superflu tant étaient accordées les élégances contraires de l'énorme bête et du cavalier de quinze ans. » (Jean-Christophe Rufin, *Rouge Brésil*)

Réponse :

....

....

53) Avec les mêmes mots de vocabulaire, que vous pourrez enrichir d'autres termes relatifs au cheval et à son équipement, vous composerez un texte d'une vingtaine de lignes ayant trait au même thème.

54) Réécrivez en prose, dans un français contemporain et souple, ce poème de Ronsard :

« Quand vous serez bien vieille, au soir à la chandelle,
Assise auprès du feu, dévidant et filant,
Direz chantant mes vers, en vous émerveillant :
"Ronsard me célébrait du temps que j'étais belle."

Lors vous n'aurez servante oyant telle nouvelle,
Déjà sous le labeur à demi sommeillant,
Qui au bruit de Ronsard ne s'aille réveillant,
Bénissant votre nom de louange immortelle [...] »

55) Réécrivez dans un français contemporain et souple le texte suivant.

« Le Roi Charles, huitième de ce nom, envoya en Allemagne un gentilhomme, nommé Bernage, sieur de Sivray, près d'Amboise, lequel pour faire bonne diligence n'épargnait jour ni nuit pour avancer son chemin, en sorte que, un soir, bien tard, arriva en un château d'un gentilhomme, où il demanda logis : ce qu'à grand peine put avoir. Toutefois, quand le gentilhomme entendit qu'il était serviteur d'un tel Roi, s'en alla au-devant de lui, et le pria de ne se mal contenter de la rudesse de ses gens, car à cause de quelques parents de sa femme qui lui voulaient mal, il était contraint tenir ainsi la maison fermée. Aussi, ledit Bernage lui dit l'occasion de sa légation : en quoi le gentilhomme s'offrit de faire tout service à lui possible au Roi son maître, et le mena dedans sa maison, où il le logea et festoya honorablement. » (Marguerite de Navarre, *Heptaméron*, Quatrième journée, nouvelle 32, orthographe modernisée)

56) Réécrivez le texte ci-dessous en suivant les différentes consignes.

« Un jour gris éclaire la naissance du XXᵉ siècle. Mallarmé vient de mourir, ses disciples se sont dispersés : le symbolisme a jeté ses derniers feux, et *l'Enquête* de Le Cardonnel et Vellay, en 1805, montre qu'aucun mouvement d'ensemble ne lui a succédé : les petites "écoles" mort-nées, qui se parent de noms coruscants (humanisme, intégralisme, somptuarisme,...) n'apportent pas grand chose au courant poétique, si ce n'est, peut-être, une sorte d'exaltation "vitaliste" qui rejoint les idées de Bergson et le grand mouvement de révolte contre "le refus de la vie" où se complaisaient les symbolistes. En littérature comme en politique s'ouvre alors une période d'effervescence et de confusion [...]. Il ne faut pas oublier qu'à cette époque Gide, ayant écrit Les *Nourritures terrestres*, va abandonner la poésie pour d'autres genres littéraires (théâtre, essai, roman) ; que Valéry, vers 1892, a cessé de faire des vers, et ne reviendra à la poésie qu'aux environs de 1920 ; que Claudel, illustre dans un petit groupe, est encore assez ignoré du grand public [...].

En fait, la poésie est au point mort. C'est le roman, genre de plus en plus polymorphe, qui tend à absorber tous les autres genres, y compris le genre "poème". Le fait est à mettre en corrélation avec l'importance grandissante prise par la prose, dont les emplois "poétiques" sont de plus en plus libres et variés. » (Suzanne Bernard, *Le Poème en prose de Baudelaire à nos jours*)

1. Le 1er paragraphe se compose de quatre phrases : vous le transformerez en sept phrases.
2. Le 2e paragraphe se compose de trois phrases : vous le réduirez à une seule.
3. Vous ferez disparaître un certain nombre de pronoms relatifs.
4. Vous remplacerez le verbe *être* par d'autres plus expressifs.
5. Vous utiliserez une phrase de tour interrogatif.

A noter : vous serez, bien entendu, amené à remplacer certaines subordonnées par des compléments et à déplacer certains compléments.

57) Même consigne.

« J'ai pris une femme à mon compte, alors que je n'en avais même pas besoin et j'ai certainement choisi (si tant est que j'aie eu voix au chapitre) celle qui était la moins faite pour moi apparemment.

Mon père et ma mère s'accordaient mal. Je passerai à mon tour ma vie avec la femme la moins destinée à me comprendre, parce que justement peut-être je l'ai choisie. On choisit toujours ce qui est le moins fait pour soi, parce qu'on n'est sensible à rien plus qu'à ce qui étonne.

Attiré par ce qu'on devrait fuir, n'aime-t-on pas presque toujours une heure ce qui sera le supplice du reste de la vie et peut-être de l'éternité ?

Le jeu des contraintes aidant, ne nous attache que ce qui est le plus opposé à notre nature et nous l'épousons sous le signe de la contradiction qui est aussi celui de l'amour. » Marcel Jouhandeau, *Chroniques maritales*.

1. Supprimez les *parce que*.
2. Liez les phrases entre elles par des enchaînements logiques.

3. Faites quatre phrases au lieu de six.
4. Supprimez l'interrogative.
5. Substituez au verbe *avoir* des verbes plus expressifs.
6. Evitez la répétition du verbe *choisir* et de *ce que*.

58) Même consigne.

« Un vrai pays de Cocagne, où tout est beau, riche tranquille, honnête ; où le luxe a plaisir à se mirer dans l'onde ; où la vie est grasse et douce à respirer ; d'où le désordre, la turbulence et l'imprévu sont exclus ; où le bonheur est marié au silence ; où la cuisine est poétique, grasse et excitante à la fois ; où tout vous ressemble, mon cher ange. » (Charles Baudelaire)

1. Supprimez le pronom relatif *où*.
2. Développez le texte sur trois phrases au lieu d'une seule.
3. Intégrez une inversion.

59) Même consigne.

« Quand cette légion ne fut plus qu'une poignée, quand leur drapeau ne fut plus qu'une loque, quand leurs fusils épuisés de balles ne furent plus que des bâtons, quand le tas de cadavres fut plus grand que le groupe vivant, il y eut parmi les vainqueurs une sorte de terreur sacrée autour de ces mourants sublimes, et l'artillerie anglaise, reprenant haleine, fit silence. » (Victor Hugo, *Les Misérables*)

1. Supprimez la conjonction de coordination *quand*.
2. Supprimez la restrictive *ne... que*.
3. Insérez une phrase exclamative.
4. Transformez la phrase en trois phrases.

Composer

60) Composez un texte sur le thème : « la culture de masse » (20 lignes).

Ce texte comportera :
- une phrase très courte (6 mots maximum) ;
- quatre phrases de 2 lignes environ (équivalent à 16 mots) ;
- trois phrases de 3 lignes environ (équivalent à 24 mots) ;
- deux phrases de longueur indéterminée ;
- des syntagmes initiaux de nature différente ;
- l'interdiction d'utiliser les verbes *être, avoir, faire*.

**61) Composez un texte sur le thème : « l'art comme moyen d'expression »
(10 lignes).**

Ce texte comportera :
- une comparaison ;
- une épithète détachée ;
- une inversion du sujet derrière un pronom relatif ;
- une phrase en éventail.

**62) Composez un texte sur le thème : « Liberté, égalité, fraternité »
(15 lignes).**

Ce texte comportera :
- deux participes présents ;
- quatre pronoms relatifs ;
- deux conjonctions de subordination.

63) Composez un texte à partir des éléments suivants.

1. Le fleuve Bétis coule dans un pays fertile et sous un ciel doux.
2. Le pays a pris le nom de ce fleuve.
3. Le fleuve se jette dans le grand Océan, assez près des colonnes d'Hercule.
4. Ce pays semble avoir conservé les délices de l'âge d'or.
5. Les hivers y sont tièdes.
6. L'ardeur de l'été y est toujours tempérée par des zéphyrs rafraîchissants qui viennent adoucir l'air vers le milieu du jour.
7. Toute l'année n'est qu'un heureux hymen du printemps et de l'automne.
8. Le printemps et l'automne semblent se donner la main.
9. La terre, dans les vallons et les campagnes unies, porte chaque année une double moisson.
10. Les chemins sont bordés de laurier, de grenadiers, de jasmins.
11. Les autres arbres sont toujours verts et fleuris.
12. Les montagnes sont couvertes de troupeaux.
13. Les troupeaux fournissent des laines fines, recherchées de toutes les nations connues.
14. Il y a plusieurs mines d'or et d'argent dans ce beau pays.
15. Les habitants sont simples.
16. Les habitants, heureux dans leur simplicité, ne daignent pas seulement compter l'or et l'argent parmi leurs richesses.
17. Ils n'estiment que ce qui sert véritablement aux besoins de l'homme.

64) Même consigne.

1. Cet état qui tient le milieu entre les extrêmes se trouve en toutes nos puissances.
2. Nos sens n'aperçoivent rien d'extrême.
3. Trop de bruit nous assourdit ; trop de lumière nous éblouit.
4. Trop de distance et trop de proximité empêchent la vue.
5. Trop de longueur et trop de brièveté obscurcissent un discours.
6. Trop de plaisir incommode.
7. Trop de consonances déplaisent.
8. Nous ne sentons ni l'extrême chaud, ni l'extrême froid.
9. Trop de jeunesse et trop de vieillesse empêchent l'esprit.
10. Trop et trop peu de nourriture troublent ses actions.
11. Trop et trop peu d'instruction l'abêtissent.
12. Les choses extrêmes sont pour nous comme si elles n'étaient pas.
13. Nous ne sommes point à leur égard.
14. Elles nous échappent.
15. Ou nous à elles.

65) Ecrivez un texte (environ 200 mots) qui puisse prolonger l'extrait suivant.

« Quand les présidents eurent pris leurs places, un hérault s'écria : "Que les coureurs du stade se présentent". Il en parut aussitôt un grand nombre, qui se placèrent sur une ligne, suivant le rang que le sort leur avait assigné. Le hérault récita leurs noms et ceux de leur patrie. Si ces noms avaient été illustrés par des victoires précédentes, ils étaient accueillis avec des applaudissements redoublés [...]. L'espérance et la crainte se peignaient dans les regards inquiets des spectateurs ; elles devenaient plus vives à mesure qu'on approchait de l'instant qui devait les dissiper. Cet instant arriva. La trompette donna le signal ; les coureurs partirent. » (Fénelon, *Télémaque*)

Vous y introduirez :
- une épithète détachée vers l'arrière ;
- une phrase exclamative ;
- un groupe sujet formé d'un groupe infinitif ;
- un groupe nominal de 6 mots au moins ;
- un sujet en inversion ;
- trois syntagmes nominaux symétriques mais variés dans leurs composants ;
- une relative introduite entre le sujet et le verbe.

66) Même consigne.

« Les Espagnols avaient fondé Buenos Aires en 1535. La nouvelle colonie manqua bientôt de vivres : tous ceux qui se permettaient d'en aller chercher étaient massacrés par les sauvages, et l'on se vit réduit à défendre, sous peine de la vie, de sortir de l'enceinte du nouvel établissement.
Une femme, à qui la faim sans doute avait donné le courage de braver la mort, trompa la vigilance des gardes qu'on avait établis autour de la colonie pour la garantir des dangers où elle se trouvait par la famine. Maldonata (c'était le nom de la transfuge), après avoir erré quelque temps dans des routes inconnues et désertes, entra dans une caverne pour s'y reposer de ses fatigues. » (Raynal, *Histoire philosophique*)

Vous y introduirez :
● une concession ;
● une apposition ;
● une proposition relative ;
● un complément du nom ;
● une parenthèse ;
● un groupe nominal avec adjonction de relatives descriptives ;
● un complément circonstanciel de lieu ;
● une gradation formée de trois termes ;
● une phrase exclamative formée de 13 mots au moins.

67) Ecrivez une dizaine de phrases sur le rythme binaire (dans les phrases et les paragraphes).

68) Ecrivez une dizaine de phrases sur le rythme ternaire (dans les phases et les paragraphes).

69) Ecrivez un texte (d'une vingtaine de lignes) mêlant rythme binaire et rythme ternaire.

70) Ecrivez un texte en style coupé où vous placerez :
● une ellipse ;
● des allitérations en [p] et [b] ;
● une ponctuation développée ;
● des groupes nominaux brefs (quatre pronoms ; un substantif ; deux groupes nominaux brefs et deux noms propres au moins) ;
● des verbes d'action autres que *faire, mettre, dire, avoir, donner*.

71) Ecrivez un texte en style ample où vous ferez figurer au moins :
- deux constructions à retardement ;
- peu de verbes d'action autres que *être* et *avoir* ;
- deux décélérations de rythme en fin de phrase ;
- quatre phrases à mouvements alternés.

72) Composez un texte (d'une vingtaine de lignes) où vous alternerez le style ample et le style coupé.

73) Composez un texte sur la pratique de la lecture où vous utiliserez au moins une phrase :
- à éléments parallèles ;
- à guillotine ;
- à traîne.

74) Composez un texte sur une scène de rencontre où vous utiliserez au moins une phrase :
- à ramifications ;
- à accumulation.

75) Composez un texte sur le thème « les voyages forment la jeunesse » en utilisant au moins une phrase :
- à paliers ;
- à éventail.

3. Correction des questionnaires

Réponses au questionnaire grammatical

1. quelques nouvelles ; quelques mois ; quelque matin

2. quelle

3.
a) quelles qu'elles
b) quelque

4.
a) tout
b) tous
c) même

5.
a) prudemment
b) bruyamment
c) gaiement
d) ardemment

6.
a) navigant
b) précédant
c) négligent

7.
a) caché
b) fallu
c) resté
d) voulu

8.
a) interrogés
b) raconté, crue, vécue
c) faite, formulé
d) choquée, senti

9.
a) laissées
b) laissé

10.
a) des bornes-fontaines
b) des timbres-poste
c) des tête-à-tête
d) des abat-jour

Réponses au questionnaire syntaxique

1.
a) j'aperçus, nous aperçûmes
b) je bouillis, nous bouillîmes
c) je faillis, nous faillîmes

2.
a) je cueille, nous cueillons
b) j'émeus, nous émouvons
c) je résous, nous résolvons

3.
a) que je tressaille, que nous tressaillions
b) que je prenne, que nous prenions
c) que je veuille, que nous voulions

4.
a) (qui) saches
b) (que) j'ai reçu

5.
a) payiez
b) courût
c) dises
d) mariiez

6.
a) vas-y
b) résous-le

7.
a) (je) ne serais pas venu
b) (vous) eussiez suivi

8.
a) (se décidèrent) à intervenir
b) (commencèrent) à négocier

9.
a) Je l'entends arriver.
b) Toi, m'insulter !

10.
a) réchauffât
b) voie

11. Julie se demandait ce qu'elle faisait. Elle la connaissait bien ; ce n'était pas dans son habitude d'être en retard.

12.
a) Exprime le but, c'est-à-dire que le professeur s'efforce d'être compris de tous.
b) Exprime la conséquence, c'est-à-dire que le professeur est en effet parvenu à se faire comprendre de tous.

Réponses au questionnaire lexical

1.
a) ce hérisson
b) cette apostrophe
c) ce pétale

2.
a) cette coutume
b) cet article-ci

3.
a) celui-ci
b) cela

4.
a) embonpoint
b) embaument
c) saltimbanque
d) emmaillote

5.
a) sueur
b) tiédeur
c) demeure
d) vapeur

6.
a) rabot
b) galop
c) coquelicot
d) ballot
e) accroc
f) loriot

7.
a) brancard
b) épars
c) homard
d) couard

8.
a) façade
b) masure
c) édifice
d) limaçon
e) nourrisson

9.
a) événement
b) ôter
c) théâtre

10. a) intéressant
b) éraflure
c) traîneaux

11.
a) poignée
b) becquée
c) tournée

12.
a) la limpidité de l'eau
b) la voracité de l'animal
c) une légèreté d'humeur

13.
a) cellier
b) cote
c) délasser
d) affectation

14.
a) calmer
b) salir
c) accorder

15.
a) dérober
b) duper
c) chicaner

Réponses au questionnaire sur la langue usuelle

1. acceptions

2. cette

3. souffre

4. passer

5. l'escalier

6. précis

7. train-train

8. rebattu

9. Ce magasin a beaucoup de marchandises.

10. Il y a peu de temps, on pouvait encore acheter une baguette à 4,50 francs (et non « autrefois »)

4. Correction des exercices

1) « Monsieur Jourdain est un bourgeois fortuné mais sot. Son plus cher désir est de devenir gentilhomme : pour cela, il recherche par tous les moyens à acquérir les bonnes manières de la haute société et courtise une marquise. Il veut également que sa fille épouse un noble, alors que celle-ci aime un homme honorable qui n'est pas gentilhomme. Le père tyrannique arrivera-t-il à se faire obéir ? Le bourgeois parviendra-t-il à tout acheter, même le cœur d'une femme ? La ruse des valets aura-t-elle raison du maître de maison ? »

2) « La table est carrée, puisque le système de rallonges (inutile pour si peu de personnes) n'a pas été mis. Les trois couverts occupent trois des côtés, la lampe le quatrième. [...] Sur le buffet, à gauche de la seconde lampe (c'est-à-dire du côté de la porte ouverte de l'office), sont empilées les assiettes propres qui serviront au cours du repas. A droite de la lampe et en arrière de celle-ci – contre le mur – une cruche indigène en terre cuite marque le milieu du meuble. Plus à droite se dessine, sur la peinture grise du mur, l'ombre agrandie et floue d'une tête d'homme – celle de Frank. Il n'a ni veste ni cravate, et le col de sa chemise est largement déboutonné ; mais c'est une chemise blanche, irréprochable, en tissu de belle qualité. »

3) *Chargé* est une épithète détachée du nom *historien*. Si la virgule était supprimée, le verbe *paraît* perdrait son sens plein de « apparaît », « se présente » pour devenir une simple copule (= « semble ») exprimant l'apparence. *Chargé* serait alors attribut et la phrase n'aurait ni le même sens, ni la même vigueur.

4) *Pesant* est épithète détachée du nom *bras*. Si l'on supprimait les virgules, cet adjectif serait attribut du sujet. Le verbe *rester* changerait alors de sens et deviendrait une simple copule indiquant la permanence d'une qualité.

5) « Bernard Lanquenet, le jeune vainqueur de Paris-Nice, a commencé de courir dès l'âge de douze ans, dans les rues de son village natal, avec ses petits copains. "On organisait des courses contre la montre, entre les deux hameaux, me dit-il. Avec virage sur la place de l'église et devant l'école". Puis il a participé au vingtième critérium du Nivernais, avec un vélo de course qui lui avait été prêté. On l'a découvert à cette occasion. "Depuis, je ne me suis pas mal défendu dans les courses régionales, mais c'est ma première grande victoire nationale". Bien entendu, il guigne le maillot jaune dans le Tour de France. "Je crains que ce ne soit pas encore pour cette année", conclut-il avec modestie. »

6)
1. Là **où** ils iront en vacances **ou** ils feront du bateau **ou** de l'aviron.
2. Le montant **dû** devra être payé avant la date **du** 15 juin.
3. **Là**, regardez ; vous **la** découvrirez sous un autre jour.
4. **La voilà** qui arrive.
5. Il ne suffit pas d'avoir **cru** à la hausse de la bourse pour que les résultats aient **crû**.

7)
1. *avènement*
2. *événement*
3. *évêque*
4. *gâter*
5. *déjà*
6. *éphémère*
7. *règlement*
8. *trône*
9. *châtiment*
10. *extrémité*

8)
1. Quand on est **jeune**, on ne doit pas faire de **jeûne** car cela affaiblit trop l'organisme.
2. J'ai vu un fruit bien **mûr** qui était tombé de l'arbre sur le **mur** voisin.
3. Paye-moi mon **dû**.
4. Je suis **sûr** que ce livre était il y a quelques instants **sur** la table et non **sur** l'étagère.
5. Pressing : **sa tâche** est d'enlever les **taches** !
6. Hier **matin** un **mâtin** a failli me mordre. J'ai eu très peur.
7. Promotion : la **côte** de veau a la **cote** !
8. **Notre** situation n'est pas la **vôtre**. **Votre** situation n'est pas la **nôtre**. Mais je suis **sûr** que nous parviendrons à un compromis **sur** le prix de vente.

9)
1. *naître*
2. *rôle*
3. *emmêler*
4. *pâtre*
5. *patrie*
6. *théâtre*
7. *titre*
8. *tache ou tâche*

9. *piqûre*
10. *symptôme*
11. *fenêtre*
12. *âme*
13. *âtre*
14. *amie*
15. *pêcheur* (à la ligne)
16. *pécheur* (sens religieux)

10) *député ; sénateur ; dépassé ; où ; était ; connaît ; ému ; paraît ; conférer ; tempérament ; même ; tempérament ; indivisément ; représente ; tempérament ; républicains ; même ; amitiés ; dès ; dès ; préfèrent ; vanités.*

11)
1. *aiguë*
2. *naïf*
3. *aïeul*
4. *filleul*
5. *ambiguïté*
6. *pointue*
7. *bienvenue*
8. *ambiguë*

12) « Pour parler sans **ambiguïté**, ce dîner à Sainte-Adresse, près du Havre, **malgré** les **effluves embaumés** de la mer, **malgré** les vins de très bons **crus**, les **cuisseaux** de veau et les cuissots de chevreuil prodigués par l'**amphitryon**, fut un vrai **guêpier**.

Quelles que soient, et **quelque exiguës** qu'aient pu paraître, à côté de la somme **due**, les **arrhes** qu'étaient **censés** avoir **données** la douairière et le marguillier, il était **infâme** d'en vouloir pour cela à ces **fusiliers** jumeaux et **malbâtis**, et de leur infliger une raclée, alors qu'ils ne songeaient qu'à prendre des rafraîchissements avec leur **coreligionnaires**.

Quoi qu'il en soit, c'est bien à **tort** que la douairière, par un **contresens exorbitant**, s'est laissé entraîner à prendre un **râteau** et qu'elle s'est crue **obligée de frapper** l'exigeant marguillier sur son **omoplate vieillie**. Deux alvéoles furent **brisés**, une **dysenterie** se déclara, suivie d'une phtisie.

"Par Saint-Martin, quelle **hémorragie** !" s'écria ce bélître. A cet événement, saisissant son goupillon, ridicule **excédent** de bagage, il la poursuivit dans l'église **tout** entière. »

13)
1. *passionnément*
2. *attirance*
3. *constamment*
4. *échappatoire*
5. *apparence*
6. *amender*
7. *immobilier*
8. *opprobre*
9. *arrhes*
10. *occurrence*
11. *dommage*

14)
1. *mond**ain***
2. *hum**ain***
3. *soud**ain***
4. *souver**ain***
5. *clandest**in***
6. *consang**uin***
7. *oppor**tun***

15)
1. *gratuit*
2. *insolite*
3. *subit*
4. *fortuit*

16)
Adjectif redoublant la lettre finale : *gentille*
Adjectifs ne redoublant pas la lettre finale : *civile, virile, puérile, vile*

17)
1. *surpris*
2. *dit*
3. *saisi*
4. *parti*
5. *décrit*
6. *permis*
7. *exclu*
8. *inclus*

18)
1. Ma mère est fâchée **avec** moi.
2. Moi, je **n'ai jamais** dit du mal de la voisine.
3. **C'était** une brave femme (que) la mère Louise !
4. Cache-toi vite pour qu'on **ne** te trouve **pas**.
5. **Tâchez de** venir pour l'**apéritif.**
6. Je ne sentais plus mes doigts **tellement/tant** j'avais froid.
7. J'ai acheté une revue **pour lire** dans l'avion.
8. **En ce qui concerne/du point de vue de** la tenue de route, on a vu mieux !
9. Les deux témoins que les gendarmes ont interrogés ont répondu **de la même façon.**
10. Ta femme est **pareille à** la mienne : elle dit n'importe quoi.
11. On a vu le film **dont** je te parlais hier.
12. Ce n'est pas un travail facile, mais tu t'en **tires** bien.
13. Il y avait **environ** trente personnes devant la mairie.
14. Ces vestes coûtent trente euros **chacune.**
15. Vous ne pouvez pas vous figurer **comme/combien** j'étais en colère.

19)
1. La connaissance de l'anglais est aujourd'hui **très** importante.
2. Ma connaissance du pays m'a **beaucoup** servi pour mes entretiens.
3. La déclaration des syndicats a **beaucoup** impressionné les ouvriers.
4. De nombreuses villes ont été **très** affectées par la chute de la fréquentation touristique.
5. Excellent orateur, il était **très** estimé de l'Assemblée.
6. Ce vieil homme se montrait **très** à cheval sur les principes de courtoisie.
7. Les températures vont rester **très** au-dessous de la normale saisonnière.
8. En arrivant de la promenade, j'étais exténué et j'avais **très** soif.
9. J'ai **beaucoup** aimé la pièce de théâtre que nous sommes allés voir la semaine passée.

20) L'emploi de la préposition *de* est incorrect. L'usage a toujours exigé *à* quand le substantif *aptitude* a pour complément un infinitif. S'il a pour complément un autre substantif, on emploie *à* ou *pour*. Ex. : *Son aptitude à la peinture/pour la peinture.*

21)
1. *à*
2. *à*
3. *à*
4. *aux ; aux*
5. *pour/envers ; pour/envers*

22)
1. *risqué de*
2. *soi-disant*
3. *disputée*
4. *alternative*
5. *avatars*
6. *dure*
7. *bout*

23) C'est incroyable comme **sa** fille lui ressemble. Je ne sais pas si c'est à cause de **quelques** taches de rousseur qui détonnent un peu sur sa peau de brune – ce qui ne paraît pas **laid** – ou si **c'est** un air qu'elle **a** en commun avec elle. **Quoi qu'il** en soit, elles **sont** bien semblables. J'en reste toute étonnée même si on me **l'a** dit il y a peu de temps encore mais **ça** me laisse perplexe !

24)
1. Faux : **solution** (et non *alternative*)
2. Faux : **morceau** (en non *bout*)
3. Juste
4. Faux : **difficile** (et non *dur*)
5. Juste
6. Juste
7. Juste
8. Juste
9. Juste.
10. Juste

25)
Familier : agiter, barguigner, bavarder, se disputer, batailler, se chamailler, criticailler, discutailler, ergoter, s'escrimer, mégoter, palabrer, tailler le bout de gras.
Courant : analyser, argumenter, échanger des idées/points de vue, examiner, mettre en doute/en question/en débat, négocier, parlementer, passer en revue, tenir conseil, traiter, critiquer, contester, épiloguer, ferrailler, lutter, marchander, nier, polémiquer, se quereller, trouver à redire.
Soutenu : arguer, conférer, considérer, controverser, débattre, délibérer de, démêler, colloquer, gloser, jouter, sourciller.

26) manière, habitude, goût, dada, fantaisie, péché mignon, marotte, tic, bizarrerie, loufoquerie, toquade, fantasme, caprice, idée fixe, monomanie, obsession, passion, rage, fièvre, frénésie, fureur, aliénation, délire, démence, égarement, folie, frénésie, furie, hantise.

27) agir, appuyer, assister, avantager, collaborer, concourir, conforter, contribuer, dépanner, donner la main à, s'entraider, épauler, étayer, faciliter, faire beaucoup pour/le jeu de/quelque chose pour, favoriser, jouer le jeu de, lancer, mettre à l'aise/dans la voie/le pied à l'étrier, obliger, offrir, partager, participer, patronner, pousser, prendre part à, prêter la main/main forte, protéger, réconforter, rendre service, renflouer, renforcer, repêcher, seconder, secourir, servir, soulager, soutenir, subventionner, tendre la main, venir à l'aide/à la rescousse/au secours, contribuer à, favoriser, faciliter, permettre, s'appuyer sur, se servir de, tirer parti de, adjuger.

Familier : donner un coup de main/de piston/de pouce, faire la courte échelle, faire feu de tout bois.

28)
Animé : abordable, accommodant, accueillant, adorable, affable, affectueux, agréable, amène, attentionné, avenant, bienveillant, bon, charmant, charmeur, complaisant, convivial, courtois, délicat, délicieux, dévoué, doux, engageant, exquis, gentil, gracieux, hospitalier, liant, obligeant, ouvert, plaisant, poli, prévenant, séduisant, serviable, sociable, souriant.

Inanimé : accueillant, agréable, attirant, attrayant, beau, bien conçu/situé, charmant, commode, confortable, convivial, coquet, délicat, enchanteur, fascinant, festif, hospitalier, joli, plaisant, ravissant, riant, séduisant.

29) ardeur, assurance, audace, bravoure, cœur, confiance, constance, cran, énergie, fermeté, force, générosité, hardiesse, héroïcité, héroïsme, impétuosité, intrépidité, patience, persévérance, résolution, ressaisissement, stoïcisme, témérité, vaillance, valeur, volonté, zèle.

30) acariâtre, acerbe, acrimonieux, affreux, agressif, atroce, bourru, brutal, corrosif, criminel, cruel, dangereux, démoniaque, désagréable, désobligeant, diabolique, dur, félon, féroce, fielleux, haineux, hargneux, indigne, infernal, ingrat, inhumain, injuste, insolent, insupportable, intraitable, jaloux, malfaisant, malicieux, malin, malintentionné, malveillant, maussade, médisant, mordant, noir, nuisible, odieux, perfide, pervers, pernicieux, rossard, rude, sadique, sans-cœur, satanique, scélérat, sinistre, turbulent, venimeux vicieux, vilain, vipérin, malheureux, mauvais, médiocre, misérable, nul, petit, pitoyable.

Familier : bouc, canaille, carcan, carne, chameau, charogne, chipie, choléra, coquin, crapule, démon, fumier, furie, gale, harpie, mégère, ogre, peste, poison, rosse, salaud, sale bête, salopard, satan, serpent, sorcière, teigne, tison, vachard, peau de vache, vipère.

31)

Pronominaux
- neutre ou favorable : s'aligner, se plier à.
- non favorable : s'abaisser, s'accommoder, s'adapter, s'agenouiller, s'assujettir, se conformer, s'humilier, s'incliner, s'inféoder, se livrer, se rendre, se résigner.

Non pronominaux
- neutre ou favorable : accepter, acquiescer, apprivoiser, assouplir, attacher, avancer, captiver, charmer, conquérir, consentir, discipliner, donner, exposer, faire une offre/ouverture/proposition, offrir, pacifier, présenter, proposer, subjuguer, .
- non favorable : abandonner le combat, accabler, asservir, assujettir, astreindre, brusquer, caler, capituler, céder, conquérir, contraindre, courber la tête, déférer, demander l'aman, dominer, dompter, enchaîner, en passer par, faire sa soumission, fléchir, imposer son autorité/son pouvoir, inféoder, maintenir, mettre sous l'autorité/la dépendance/le pouvoir/la puissance/la tutelle, maîtriser, mettre en esclavage, obéir, obtempérer, opprimer, passer sous les fourches caudines, plier, ramener à l'obéissance, ranger sous ses lois, réduire, reconnaître l'autorité, réglementer, réprimer, satelliser, subjuguer, subordonner, suivre, tenir en respect, tenir sous son autorité/sa dépendance/son pouvoir/sa puissance/sa tutelle, tenir en esclavage, vassaliser.

32)
1. *obèse*
2. *volumineux*
3. *ventripotent*
4. *rondouillard*
5. *gras*
6. *pansu*
7. *ventru*
8. *dodu*
9. *replet*
10. *épais*
11. *corpulent*
12. *enveloppé*
13. *opulent*
14. *proéminent*

33)
1. *Présenter*
2. *s'exposer/s'exhiber*
3. *prouver/indiquer/révéler*
4. *laissa voir/exprima/manifesta*

5. *fait ressentir/communiqué/témoigné*
6. *apporter/produire*
7. *témoignent de/laissent deviner/trahissent/accusent*
8. *prouve/atteste/marque*
9. *atteste/prouve/fait preuve de/donne à voir*

34)
1. *question*
2. *au niveau du*
3. *du point de vue du*
4. *du côté du*
5. *s'agissant du*
6. *relativement au*
7. *en ce qui concerne le*
8. *en rapport avec le*
9. *concernant le*
10. *relativement au*
11. *à propos du*
12. *au sujet du*

35)
1. *endossé/enfilé*
2. *placé/disposé*
3. *appuie/adosse/place*
4. *installe/équipe*
5. *remisé/rangé/relégué*
6. *enchâssé/inséré/placé*
7. *fait passer/fait paraître*
8. *pris/demandé/requis*
9. *placé*
10. *positionné/placé*

36)
1. *distinguer/apercevoir*
2. *discerné/deviné*
3. *remarqué/s'est rendu compte*
4. *vérifier/superviser/constater*
5. *supporter/souffrir*
6. *envisage/l'imagine/me le représente*
7. *l'analyser/le considérer*
8. *consulter*
9. *assisté/été présent à*
10. *s'est rendu compte/s'est rendu à l'évidence/a remarqué*

37)

1. *rangé/ replacé*
2. *reconnaître/me souvenir de/me rappeler*
3. *ajourner/différer*
4. *rétablir*
5. *s'en relever*
6. *confie*

38)

1. *confectionner, produire*
2. *hasarder*
3. *exhorter/inciter/encourager*
4. *relaxation/délassement/relâche/rémission/répit/repos*
5. *abhorrer/exécrer/réprouver/abominer/haïr*
6. *appréhender/redouter*

39)

1. *repose/consiste/se définit comme*
2. *n'existe/ne se trouve*
3. *voici/telle est*
4. *ne présupposent/ne requièrent/ne justifient aucune*
5. *rencontre/discerne/devine/pénètre*
6. *perçoit/recueille*
7. *découvrent/perçoivent*
8. *survient/intervient/procède*
9. *formé/forgé/discerné*

40)

1. *judicieuse*
2. *pertinente*
3. *opportune*
4. *adéquate*
5. *polémique*
6. *exhaustive*
7. *clairvoyant*
8. *sagace*
9. *impitoyable*
10. *inextinguible*
11. *loquace*

41)
1. Après avoir traversé le carrefour...
2. Après avoir reçu les ordres de la tour de contrôle...
3. Après avoir entendu le signal..
4. Avant de vous connaître...
5. Avant de quitter le port...
6. Avant de construire ce nouveau pont...
7. Après avoir consciencieusement parcouru tout le château...
8. Après avoir freiné brutalement...

42)
1. ... avant que le soleil ne se lève.
2. Avant que je n'entre dans ma cellule...
3. Dès que je jetai le premier coup d'œil...
4. ... après qu'elle s'est promis de se revoir rapidement.
5. Une fois qu'il eut pris sa résolution...

43) Ces verbes ont tous en commun un jugement défavorable et sont ici exprimés dans un ordre croissant au niveau de leur intensité.
Dans les quatre cas, il peut s'agir soit d'une chose soit d'une personne. Mais *invectiver* s'applique généralement à une personne.
Désapprouver, blâmer, invectiver appartiennent davantage au langage courant alors que *vitupérer* est plutôt employé dans un langage soutenu.
Désapprouver, blâmer, vitupérer s'emploient tous les trois avec un complément d'objet direct alors que *invectiver* s'emploie avec un complément d'objet indirect introduit par la préposition *contre*.

44)
1. Souffrant du déplaisir dans lequel me plongeait la mésalliance de Paul, l'étais-je ?
2. Le déplaisir dans lequel me plongeait la mésalliance de Paul me faisait-il souffrir ?
3. Paul me plongeait par sa mésalliance dans le déplaisir. Mais en avais-je souffert ?
4. Plongé dans le déplaisir par la mésalliance de Paul, en avais-je pour autant de la souffrance ?
5. La mésalliance de Paul qui me plongeait dans le déplaisir me faisait-elle souffrir ?

45)
1. Aller retrouver le groupe d'amis de Cécile dans une station balnéaire huppée, voilà l'invitation à laquelle j'avais été conviée.

2. Que j'aille retrouver le groupe d'amis de Cécile dans une station balnéaire huppée, voilà l'invitation à laquelle j'avais été conviée.

3. Les retrouvailles avec le groupe d'amis de Cécile dans une station balnéaire huppée, voilà l'invitation à laquelle j'avais été conviée.

46)

1. Quand bien même vous iriez au bout du monde, je vous rejoindrai.

2. Pour peu que vous alliez au bout du monde, je vous rejoindrai.

3. Vous auriez beau aller au bout du monde, je vous rejoindrai.

4. Aller au bout du monde, même là je vous rejoindrai.

5. Allez au bout du monde et je vous rejoindrai.

6. Qu'importe que vous alliez au bout du monde, je vous rejoindrai.